Stb

Der Autor:

Bran O. Hodapp, der bereits mehrere Bücher veröffentlicht hat – teilweise zusammen mit seiner Schwester Iris Rinkenbach –, ist als Heiler, Magier, Druide und spiritueller Lehrer tätig, u.a. an der von ihm und seiner Schwester gegründeten Alrunia Mysterienschule (alrunia.de), wo er z.B. geistiges Heilen, Kabbalah und sensible Wahrnehmung unterrichtet.

Das Buch:

Das Arbeiten mit Magischen Spiegeln ist eine der ältesten Methoden, die Hellsicht zu fördern. Die Geschichte erzählt von heiligen Seen, von Kristallschalen und Kristallkugeln, die – meist von weiblichen Priesterinnen – genutzt wurden, um die dem Menschen verborgenen Wahrheiten greifbar und sichtbar zu machen.

Wenig bekannt sind aber das Wissen und die Techniken der alten Eingeweihten. Diese wussten den Spiegel nicht nur zur Hellsicht, sondern mit Hilfe der magischen Evokation auch gekonnt zur Verwirklichung individueller Wünsche, zur Lenkung der Gegenwart und Zukunft oder zur Sichtbarmachung verschiedener Wesenheiten, Intelligenzen und Engel anzuwenden. Der zukünftige Adept erhält in diesem Buch die dazu erforderlichen Grundlagen, findet darin Bauanleitungen für die verschiedensten Spiegel und erfährt Unterweisung in zahlreichen magischen Techniken.

Bran O. Hodapp

DER MAGISCHE SPIEGEL

ALS TOR ZU ANDEREN WELTEN

Stb

Als Vorlage diente die im Jahre 2005
im Schirner Verlag erschienene überarbeitete Ausgabe

ISBN 978-3-89767-595-7

1. Auflage

Illustrationen: Stephan Faust
Lektorat: Momo Evers
Redaktion: Kirsten Glück
Satz: Sebastian Karl
Umschlaggestaltung: Murat Karaçay
Herstellung: Reyhani Druck und Verlag, Darmstadt

www.schirner.com

Inhalt

Diese Schrift ist meiner Lebensgefährtin Annette gewidmet.

Dank

Ich danke meinem Verleger Markus Schirner, Kirsten Glück und der Lektorin Momo Evers sowie allen stillen Helfern, die daran beteiligt waren, für die Geduld und Ausdauer, die zur Reifung des vorliegenden Buches aufzubringen war.

Insbesondere möchte ich meinem Freund Stephan Faust danken, der sich viele Nächte um die Ohren schlug, um die Illustrationen dieses Buches anzufertigen.

Ich danke dem Enkel der Prinzessin von Rhodos, Alexandros Piniatoros, für seine Nachhilfe in byzantinischem Griechisch sowie Uli Kieslich, der mich vor Jahren daran erinnerte, mich mehr mit der Spiegelpraxis auseinanderzusetzen.

Überdies danke ich Pyrit (Lars) für die Anregungen zu einer speziellen Spiegelmethode zur Raumbestrahlung.

Ich danke meiner Partnerin Annette und meiner Tochter Samira-Malaika, die einige Entbehrungen während meines Schreibens hinnehmen mussten.

Ich danke meiner Geistigen Führung und den Genien und Intelligenzen, die mich bei dieser Arbeit begleiteten und inspirierten. Meinen tibetischen Dzogchen Meistern sei ebenso gedankt.

»Magie ist das höchste Wissen, das es überhaupt auf unserem Planeten gibt, denn es lehrt sowohl die metaphysischen als auch die metapsychischen Gesetze auf allen Ebenen kennen. Dieses höchste Wissen trägt schon seit Menschengedenken die Benennung Magie, war aber bisher nur besonderen Kreisen, zu denen vorwiegend Hohepriester und die größten Machthaber gehörten, zugänglich. Als die höchsten Eingeweihten galten deshalb immer nur die Magos [Magier]. Diese wussten von den wahren Lehren, hüteten sie aber mit aller Strenge. Sie kannten genau die Synthese nicht nur ihrer eigenen Religion, sondern auch aller übrigen Religionen. Dem Volke dagegen wurde jede Religion nur in Symbolen dargereicht. Erst nach vielen Jahrhunderten kamen einzelne Brocken dieses Wissens, begreiflicherweise sehr verhüllt, auch unter die Menschheit. Da jedoch die überwiegende Zahl der Menschen nicht gesetzmäßig magisch geschult war, konnte sie diese vereinzelten Brocken nur vom individuellen Standpunkt aus begreifen und demzufolge auch nur unzulänglich und einseitig weitergeben. Deshalb ist das magische Wissen ohne jede Übertreibung bis zum heutigen Tage ein Geheimwissen geblieben. Das Begreifen der wahren magischen Gesetze hängt von der magischen geistigen Reife eines jeden Einzelnen ab. Um die erforderliche Reife zu erlangen, bedarf es unbedingt einer gewissen Vorschulung.«

FRANZ BARDON IN »DIE PRAXIS DER MAGISCHEN EVOKATION«

Vorwort

Dem Wunsch meines Verlegers Markus Schirner nachkommend, mache ich mit diesem Werk eine Schrift über den Gebrauch von Magischen Spiegeln und deren Anfertigung der Öffentlichkeit zugänglich. Natürlich gebe ich dem Leser ausreichende Anhaltspunkte, wie er seine eigene Hellsicht mittels Spiegelpraxis erweitern kann oder auch den Spiegel zum Zwecke des Heilens einzusetzen vermag.

Ein besonderes Gewicht lege ich auf die praktische Erklärung der sogenannten Magischen Evokation, der Anrufung von Engeln, Genien und hohen Intelligenzen. Überdies erkläre ich eine komplette Anrufungszeremonie, die jedem Leser gelingen wird, der über die nötige Reife verfügt.

Wer dieses Buch in die Hände bekommt, wird nicht nur aus reiner Neugierde hinsichtlich geheimgehaltenen Wissens lesen und forschen. Vielmehr wird es – zumindest bis zu einem gewissen Grad – Teil seines Lebensplanes sein, mit den Höheren Mächten und Sphären in Kontakt zu treten, um von diesen zu lernen und so seelisch zu reifen.

In den Veröffentlichungen »Rituale der Weißen Magie«, »Weiße Naturmagie«, »Magischer Gegenzauber« und »Die hohe Kabbalah« habe ich bereits ausführlich über magische Grundlagen gesprochen. So gehe ich auf manches, was dem Leser erklärungsbedürftig erscheinen mag, nicht näher ein, denn ich setze voraus, dass er sich zumindest parallel mit den oben genannten Schriften auseinandersetzt.

So wie einige der Eingeweihten, die an den alten Zöpfen

des Egoismus aus dem Kali-Yuga festhalten, es eher verurteilen werden, dass ich bestimmtes Wissen der Öffentlichkeit preisgebe, so werden andere es dankend begrüßen, dass sie dadurch eventuelle Wissenslücken schließen können.

Mit dem heutigen Tag des Neumondes, dem 28.08.2003, an dem der Planet Mars seit 60.000 Jahren die kürzeste Distanz zur Erde hat, stelle ich das vorliegende Manuskript fertig und dem Lektorat zur Verfügung.

Bran O. Hodapp

Kapitel 1

Die Praxis der Spiegelmagie

Spiegelmagie ist weitaus vielseitiger und umfangreicher, als man gemeinhin vermutet. Sie zählt zu einer der bestgehüteten Ritualpraktiken der verschiedensten magischen Gruppen, Orden und Logen. Selbst den meisten, sich mit okkulten Techniken befassenden Menschen sind die Möglichkeiten des Magischen Spiegels nicht mehr zur Gänze bekannt. Viele berühmte Okkultisten und Philosophen der Vergangenheit arbeiteten mit verschiedenen Magischen Spiegeln. Ohne die Dienste dieses Hilfsmittels, wäre es ihnen oft nicht gelungen, Wissen und Visionen aus höheren Sphären einzufangen.

So gelangt man zu der Annahme, dass der große Visionär des Neuen Testaments, Johannes, seine Schau der Apokalypse durchaus mittels einer Spiegelpraxis erhalten haben könnte. Doch mit Sicherheit arbeiteten der Astrologe Nostradamus und nach ihm Paracelsus, Agrippa von Nettesheim, Robert Fludd, Dr. John Dee und viele andere mit Magischen Spiegeln. Aber auch von Meistern der Antike wie Zoroaster oder Sokrates ist bekannt, dass sie den Magischen Spiegel priesen. Oft war es nur eine gefüllte Schale mit Wasser oder ein konkaver Spiegel aus polierter Kohle, mit dessen Hilfe man die gewünschten Bilder hervorrief. Vielen genügte aber auch die Konzentration auf einen schwarzen Tintentropfen, um den klammernden menschlichen Geist aus dem Alltagsgeschehen herauszureißen und das Bewusstsein in die Tiefen der Trance zu lenken.

In diesem Buch möchte ich den Leser an die Kunst der Spiegelmagie und die damit gebotenen Möglichkeiten heranführen. Die Herstellung eines Spiegels und dessen Gebrauch ist aber bei weitem nicht alles, was es bei der Arbeit mit dem Magischen Spiegel zu erlernen gibt. Gezielte Übungen zur Erweckung der eigenen Intuition und Wahrnehmung sind ebenso Voraussetzung, um die magische Spiegelpraxis erfolgreich anwenden zu können. In den folgenden Kapiteln werde ich dem Leser Methoden an die Hand geben, die mir selbst und einigen meiner Schüler zu einer erweiterten Wahrnehmung verhalfen.

Sowohl in der westlichen als auch in der östlichen Tradition wurden und werden auch heute noch Magische Spiegel für viele verschiedene Zwecke eingesetzt. Insbesondere finden sie Anwendung:

- bei allen Visualisierungen;
- bei Ladungen von Kräften;
- bei Ladungen von Fluiden, Gegenständen, Amuletten usw.;
- als Durchgangstor zu allen gewünschten Orten, Ebenen und Sphären;
- als telepathisches Verbindungsmittel zu lebenden und verstorbenen Personen;
- als Hilfsmittel zur Kontaktherstellung mit bestimmten Kräften, Wesenheiten und Intelligenzen durch die sogenannte Evokation (Anrufung);
- als Sender bzw. Scheinwerfer zur Imprägnierung von Räumen;
- als Sender für Fernheilungen, zur Krankenbehandlung;

- zum Zwecke der magischen Abwehr von unerwünschten oder schädlichen Einflüssen;
- als Projektor verschiedener Kräfte, Bilder und Wesenheiten;
- als magisches »Fernsehgerät«;
- zur magischen Divination (Vorhersage), insbesondere dem Hellsehen in Vergangenheit, Gegenwart und Zukunft;
- als Hilfsmittel zur Zukunftsveränderung.

In der Kunst der Schwarzen Magie wurden Magische Spiegel auch immer missbraucht, um Schadens- und sogar Todeszauber und jede vorstellbare Form der Fremdbeeinflussung auszuüben.

Jeder, der sich mit der Spiegelmagie beschäftigen will, muss wissen, dass nicht der Spiegel, seine Art und Beschaffenheit, den gewünschten Erfolg sichert, sondern ausschließlich die vorbereitende Schulung und geistige Entwicklung. Entscheidend sind also die Reife des Anwenders sowie seine astralen und mentalen Fähigkeiten.

Wie alle magischen Ritualgegenstände ist auch der Magische Spiegel lediglich ein Hilfsmittel, ein Werkzeug, das dem Anwender das praktische Arbeiten einigermaßen erleichtern kann.

Allgemeines zur Herstellung von Magischen Spiegeln

Bevor Sie einen Magischen Spiegel zum Einsatz bringen, ganz gleich für welchen Zweck, ist es erforderlich, ihn magisch zu laden. Darunter versteht man die Imprägnierung des Spiegels mit einer bestimmten Kraft oder Idee, die der jeweilig geplanten Spiegelanwendung am ehesten entspricht.

Viele Eingeweihte der Vergangenheit schworen bereits auf die Verwendung sogenannter Kondensatoren. Diese erfüllen den Zweck, die in den Spiegel zu stauende Kraft, den Magnetismus, die Idee oder anderes so stark und lang wie möglich – gleich einem Akku – zu halten. Verfechter dieser Kondensatoren waren Randolph, Quintscher und Bardon (siehe Anhang: Personen). Ich selbst habe nur gute Erfahrungen mit solchen Kondensatoren gemacht und kann jedem Leser nur empfehlen, diese beim Bau des eigenen Magischen Spiegels ebenfalls einzusetzen.

Generell unterscheidet man zwischen sogenannten festen und flüssigen Kondensatoren. Sobald Sie Ihren Kondensator – flüssiger oder fester Art – auf Ihren Spiegel aufgetragen und diesen auch sonst in allen Details fertiggestellt haben, können Sie damit beginnen, ihn aufzuladen, so dass er dann tatsächlich magisch wirken kann.

Beispiel für einen festen Kondensator

Pulver aus	**Verhältnis**	**Analogie**
Blei	ein Teil	Saturn
Zinn	ein Teil	Jupiter
Eisen	ein Teil	Mars
Gold	ein Teil	Sonne
Kupfer	ein Teil	Venus
Messing	ein Teil	Merkur
Silber	ein Teil	Mond
Aloeharz	ein Teil	Pflanzenreich
Tierkohle	drei Teile	Tierreich
Steinkohle	sieben Teile	Mineralreich

Alle Bestandteile des festen Kondensators werden im Mörser miteinander verrührt. Diese vorwiegend metallischen Substanzen vertreten nach den hermetischen Analogiegesetzen alle Planeten, Reiche und Dimensionen, in denen der Magier arbeiten könnte.

Dieser Kondensator kann vielerlei Anwendung finden. In unserem Falle, bei der Spiegelmagie, werden die vermischten Substanzen meist auf der Rückseite des Magischen Spiegels aufgetragen und fixiert. Selbstverständlich ist dieser Kondensator auch hervorragendes Mittel, um beispielsweise einen Magischen Stab zu füllen, der dann das Willensprinzip des Magiers in allen Reichen vertreten kann.

Reiche und Analogien

Physische Ebene	–	Physischer Körper
Ätherische Ebene	–	Ätherischer Körper (Astralmatritze)
Astrale Ebene	–	Astralkörper
Mentale Ebene	–	Niederer Mentalkörper (Mentalmatritze)
Kausale Ebene	–	Höherer Mentalkörper (Mentalkörper)
Spirituelle Ebene	–	Persönliches Akasha
Göttliche Ebene	–	Göttlicher Geist (Atma o. Buddhi)

Beispiel für einen flüssigen Kondensator

Auszug aus: Angelikawurzeln, Salbeiblättern, Lindenblüten, Gurkenschalen, Akazienblättern, Kamille, Brennesselblättern, Zimt, Pfefferminze, Pappelblättern, Veilchenblüten oder -blättern, Weidenrinde oder -blättern, Tabakblättern

Dieser universale Flüssigkondensator lässt sich auf alle beliebigen Oberflächen oder Materialien streichen, die mit einer bestimmten Ladung versehen werden sollen. Er verfügt über keine spezielle Eigenschaft oder Sphärenentsprechung und ist daher für alle Bereiche einsetzbar. Insbesondere Fließpapierlagen innerhalb einer Spiegelkonstruktion bieten sich an, mit flüssigen Kondensatoren getränkt zu werden.

Die Elemente und die ihnen zugeordneten Pflanzen

Feuer:	Zwiebel, Knoblauch, Pfeffer, Senfsamen
Luft:	Haselnuss, Wacholder, Rose, Koriandersamen
Wasser:	Hafer, Rübensamen, Pfingstrose, Kirschbaumblätter
Erde:	Petersilie, Kümmel, Spitzwegerich, Nelkenblüten, Melissenkraut

Pflanzen und Bindemittel, geordnet nach Planetenentsprechung

Sonne: Alle Weidenarten, Palme, Mandelbaum, Mandelkerne, Olivenbaum, Ölfrüchte, Kirschbaum, Kirschbaumharz, Kirsche, Esche, Kamille, Rosmarin, Tormentill, Augentrost, Herzklee, Wacholder, Pfingstrose, Himmelsschlüssel, Sonnenblume, Sonnenblumenkerne, Walnuss, Schöllkraut, Ringelblume, Mistel, Senf, Senfmehl, Pimpernell, Reis, Reismehl, Wein, Johanniskraut, Päonie, Eibisch, Enzian, Lavendel, Orange, Apfelsine, Mandarine, Zitrone, Ginseng, Gewürznelke, Safran, Myrrhe, Ambra, Weihrauch, Moschus

Mond: Narzisse, Gurke, Melone, Endivie, Huflattich, Kürbis, Bohne, Bohnenmehl, Kohl, Hahnenfuß, Kresse, Maßliebchen, Gänseblümchen, Schwertlilie, Lilie, Mohn, Mohnmehl, Kümmel, Wasserschierling, Mond-u. Nachtviole, weiße Rose, Immergrün, Nachtschatten, Kuckucksblume, Bandras, Gnadenkraut, Steinbrech, Mauseöhrchen, Mauerblume, Salat, Kalmus, Aronstab, Waldrebe, Koloquinten, Mondkraut, Ringelkraut, Seerose, Judenkirsche, Pilze, Linde

Jupiter: Rote Rose, Sandelholz, Tausendgüldenkraut, Anis, Aprikose, Kerbelkraut, Kastanie, Kastanienmehl, Feigenbaum, Dattel, Ysop, Leberkraut, Ahorn, Hafer, Hafermehl, Steinnelke, Salbei, Wegwarte, Weisdorn, Apfelbaum, Pfirsichbaum, Himbeere, Zinnkraut, Arnika, Agave, Löffelkraut, Melisse, Lungenkraut, Ochsenzunge, Buchsbaum, Erdbeere, Esche, Erdrauch, Süßholz, Lein, Leinmehl, Rhabarber, Weizen, Weizenmehl, Vergißmeinnicht, Myrrhe, Perubalsam, Benzoe, Tolubalsam

Venus: Brotfrucht, Banane, rosa Rose, Erle, Maiglöckchen, Artischocke, Birke, Brombeere, Klette, Krokus, Angelika, Hahnenfuß, Hahnenkamm, Preiselbeere, Süßklee, Kreuzkraut, Teufelsabiss, Erdbirne, Stachelbeere, Wasserminze, Pfefferminze, Krause Minze, Orchidee, Waldmeister, Birnbaum, Pflaumenbaum, Roggen, Roggenmehl, Seifenkraut, Sauerampfer, Wurmkraut, Wollkraut, Malve, Thymian, Schafgarbe, Spitzwegerich, Kaktus, Sanikel, roter Fingerhut, Gundelrebe, Fetthenne, Veilchen, Veilchenwurzel, Petersilie, Nelke, Zeitlose, Stiefmütterchen

Merkur: Granatapfel, Gelbe Rübe, Düllkraut, Farnkraut, Fenchel, Hasenkraut, Frauenhaar, Majoran, Maulbeerbaum, Baldrian, Sternkraut, Akelei, Fünffingerkraut, Holunder (auch Saturn), Ehrenpreis, Rittersüß, Aster, Jasmin, Haselnuss, Buchweizen, Buchweizenmehl

Mars: Rettich, Eisenkraut, Aloe, Anemone, Basilikum, Boxklee, Ginster, Benediktenkraut, Distel, Kapernstrauch, Koriander, Rotdorn, Knoblauch, Hagedorn, Geißblatt, Hopfen, Lauch, Brennnessel, Taubnessel, Zwiebeln, Fichte, Strohblume, Tabak, Zuckerkraut, Zuckerrohr, Nieswurz, Teestrauch, Erbse, Erbsmehl, Feuerlilie, Sturmhut, Wermut, Paprika, Sadebaum, Wolfsmilch, Mispel, Breitwegerich, Lorbeer, Heckenrose, Aloeharz

Saturn: Eiche, Eichenrinde, Hyazinthe, Amaranth, Buche, Bucheckern, Runkelrüben, Vogelmiere, Flohkraut, Bilsenkraut, Stechpalme, Schlehdorn, Tulpe, Goldwurz, Hirtentäschel, Hanf, Hanfmehl, Schierling, Flachs, Moos, Opium, Sennesblätter, Taxus, Beinwell, Ulme, Schwarzwurzel, Alraunenwurzel, Reseda, Belladonna, Raute, Weihrauch, Gummitrakant (Trakant), Galbanumharz

***

In einem Lehrbrief schreibt Randolph, einer der wichtigsten Pioniere der Spiegelmagie (siehe Anhang: Personen), seinen Schülern:

... Wie man weiß, haben wir viele Jahre mit der experimentellen Überprüfung unserer Entdeckungen zugebracht, indem wir die Ratschläge und Praktiken ausführten, die in alten und modernen Werken enthalten sind. Auf diese Art konnten wir eine genaue Auslese treffen, das Wahre vom Falschen und das Echte vom Illusionären trennen, sodass wir mit Recht behaupten können, dass unsere Ratschläge und Lehren in Einklang mit der reinen wissenschaftlichen Wahrheit stehen.

Die Schlüssel, die wir offenbaren, reichen aus, um es jedem Studenten zu ermöglichen, seine eigenen Forschungen durchzuführen. Die allgemeinen Ideen, die wir vertreten, können von jedermann überprüft werden, und es ist nur ein wenig Mut und guter Wille nötig, um den ersten Schritt zu wagen. Die Freude, die jede gewissenhafte Anstrengung krönt, verleiht uns die Kraft, auf mühsameren Pfaden zu forschen.

Magie ist eine Wissenschaft. Sie ist die einzige Wissenschaft, die sich theoretisch und praktisch mit den höheren, noch unbekannten Kräften der Natur befasst. Sie erklärt und beweist, dass das Universum als Ganzes wie in seinen kleinsten Teilen bestimmten fluidischen Einflüssen unterworfen ist, die die offizielle Wissenschaft eines Tages genau kennen und als die Grundlage aller psychischen und physischen Phänomene anerkennen wird.

Um mit diesen Kräften entsprechend der sie beherrschenden Gesetze zu arbeiten, ist es zuerst notwendig, sie in einem Punkt oder auf einer Oberfläche zu konzentrieren. Danach können sie durch den Willen gelenkt und kanalisiert werden.

Diese Operationen, die sehr wichtig sind und die unterschiedlichsten Anwendungsmöglichkeiten eröffnen, können auf vier verschiedene Arten durchgeführt werden:

1. *Der Durchführende kann seine eigene Energie verwenden.*
2. *Durch das Mittel der Induktion und der Korrespondenzen kann er mit äußeren Kräften arbeiten.*[1]
3. *Er kann die äußeren Kräfte an einen individuellen Gegenstand binden, der zu diesem Zweck ausgewählt wurde.*
4. *Er kann diese Kräfte an einen Gegenstand binden, der aus einem Material seiner Wahl besteht.*

Die letztere Methode ist seit Tausenden von Jahren als talismanische Magie bekannt. Sie wird auch zur Ladung von »Volten« verwendet.

Bei der Überprüfung dieser Vorbereitungen haben wir jedoch festgestellt, dass in der Praxis ein ungenügendes Fachwissen oft dazu verleitet, nicht genügend reine Materialien zur Kondensation der fluidischen Kräfte zu verwenden. Auch werden oft nur einige der nötigen Materialien verwendet, sodass die Formel nur zum Teil wirken kann, was die Kraft der Talismane und »Volte« ebenfalls verringert.

Um diesen Fehler zu vermeiden und in Hinkunft perfekte Ergebnisse zu erzielen, haben wir drei Arten von einwandfreien Fluidkondensatoren entwickelt – zwei flüssige und einen festen – die alle zufriedenstellend verwendet werden können.

- *Die erste Art von Kondensator wird von uns zur Anbringung von Beschichtungen verwendet, die auf Gegenstände aufgetragen werden, um diese mit einer bestimmten talismanischen Kraft zu versehen.*

1 Induktiv: Eine Kraft, Eigenschaft usw. wird von außen zusammenziehend aufgenommen – deduktiv: expansive Ausdehnung/Sendung von Kräften und Eigenschaften; Korrespondenz: Entsprechung

- *Die zweite Art bewahren wir in speziellen Flaschen zur Bereitung äußerst wirksamer flüssiger Drogen*[2] *auf.*
- *Die dritte Art, der feste Fluidkondensator, wird in unseren Laboratorien zur Herstellung von »Volten« verwendet.*

Der folgenden Tabelle können die zur Herstellung unserer Drogen nötigen Mengenverhältnisse entnommen werden:

Flüssiger Kondensator Nr. l:

Weißwein	*120 g*
Lilienblättersaft	*4 g*
Alraunenblättersaft	*18 g*
Kamillenblättersaft	*19 g*
Pappelblättersaft	*48 g*
Pappelkohle	*15 g*
Lilienextrakt	*2 g*
Alraunenextrakt	*3 g*
Kamillenextrakt	*l g*
Pappelextrakt	*4 g*
Lactose (Milchzucker)	*50 g*
Lactucarium (Kohle der Blätter von Atropa belladonna)	*25 g*
flüssiges Gold	*6 g*
Gelatine	*80 g*
Kopalöl	*25 g*

2 Keine der in diesem Buch erwähnten oder vorgestellten Kräutermischungen und Pflanzenextrakte dürfen innerlich eingenommen werden. Sie alle dienen ausschließlich dem Anstrich bzw. der Behandlung der magischen Spiegel oder anderer Ritualgegenstände.

Flüssiger Kondensator Nr. 2

Lilienblättersaft	*2 g*
Alraunenblättersaft	*8 g*
Kamillenblättersaft	*9 g*
Pappelblättersaft	*20 g*
Lilienblütenextrakt	*3 g*
Alraunenextrakt	*13 g*
Kamillenextrakt	*5 g*
Pappelextrakt	*32 g*
Lactose (Milchzucker)	*60 g*
Lactucarium (s.o.)	*36 g*

Fester Kondensator

Alraunenkohle	*80 g*
Eisen	*20 g*
Messingpulver	*15 g*
Lactose (Milchzucker)	*40 g*
Gold	*18 g*
Lactucarium (s.o.)	*80 g*
Pappelkohle	*16 g*

Damit diese Drogen auf die gewünschte Art wirken können, müssen bei ihrer Zubereitung die folgenden Hinweise beachtet werden:

1. *Die pflanzlichen Extrakte sollten durch Mazeration (die Gewinnung von Drogenextrakten durch das Ziehenlassen von Pflanzenteilen in Wasser oder Alkohol bei Normaltemperatur) in reinem Alkohol hergestellt werden, in dem sie für vierzig Tage belassen werden müssen. Das hierzu verwendete Gefäß sollte nicht der Sonne oder dem Tageslicht ausgesetzt werden. Die*

Temperatur des Raumes, in dem das Gefäß zur Mazeration der Extrakte aufbewahrt wird, sollte konstant 32 Grad Celsius betragen. Für je 100 g Pflanzen ist es notwendig, 120 g Alkohol zu verwenden.

2. *Die gepressten Extrakte werden aus den frisch gesammelten Pflanzen hergestellt.*
3. *Um die Kohle der Pflanzen zu gewinnen, müssen diese in einem hermetisch abgeschlossenen Kolben aus geblasenem Glas über einem Holz- oder Kohlenfeuer erhitzt werden.*
4. *Bienenwachs, das wir für bestimmte Mischungen empfehlen, muss vor der Verwendung dreimal in reinem Quellwasser gekocht werden.*
5. *Das als Lack dienende Harz, in unserem Fall Kopalöl, muss in fließendem Kaltwasser gewaschen werden.*
6. *Bevor man damit beginnt, spezielle Kompositionen zu mischen, sollte man eine ausreichende Menge des Fluidkondensators in einer Rasche oder einem anderen geeigneten Gefäß hermetisch versiegeln. Das Gefäß, in dem der Kondensator aufbewahrt werden soll, muss zehn Tage in fließendem Kaltwasser belassen werden.*
7. *Bei der Trocknung der Pflanzen, die für magische Zwecke verwendet werden, ist zu beachten, dass sie nicht dem Einfluss des Sonnenlichts ausgesetzt werden. Darauf ist zu achten, dass die Temperatur des Laboratoriums konstant auf mindestens 32 Grad Celsius gehalten wird.*
8. *Um den Fluidkondensator vor dem Tageslicht zu schützen, muss das Gefäß mit mehreren Schichten natürlicher Seide umwickelt werden, die vor der Verwendung sorgsam in fließendem Wasser gewaschen worden ist.*

Die Arbeit des Mischens der verschiedenen Kondensatoren muss in künstlichem Licht erfolgen.

***

Die gebräuchlichsten Arten von Magischen Spiegeln

Die Kristallkugel

Die bekannteste Art des Magischen Spiegels ist wohl die Kristallkugel. Wer kennt nicht das Bild einer unheimlich anmutenden Frau aus dem Fahrenden Volk, die mit starrem Blick die Zukunft des Kunden vorhersagt?

Die eher teuren und wertvollen Kristallkugeln sind aus reinem Bergkristall. Oft jedoch wird auch Bleiglas oder einfaches Fensterglas zur Kugel gegossen und von Hellsehern als optische Hilfe eingesetzt. Aber auch große Kugeln aus schwarzem Obsidian werden von dem einen oder anderen geschätzt.

Ich selbst besitze zwei Kristallkugeln, die zur Schau verwendet werden können. Die eine ist antik und stammt aus altem Logenbesitz im Umfeld Franz Bardons (siehe Anhang: Personen) während der fünfziger Jahre, die andere Kugel ist aus reinem blauen Obsidian, in der Farbe ähnlich dem Aquamarin. Beide Kugeln unterscheiden sich schon allein vom Material her enorm.

Dem Bergkristall wird aus magischer Sicht eine grundsätzlich magnetische Eigenschaft zugesprochen. Dies bedeutet, dass er besonders gut geeignet ist, Licht, also das, was gesehen werden will, einzufangen und es dem Seher zu widerzuspiegeln. Es handelt sich beim Bergkristall also um eine rein weibliche Energie, weshalb man besonderen Wert darauf legt, dass er vom Mondlicht und nicht von der Sonne bestrahlt wird.

Obsidian ist gerade das Gegenteil vom Bergkristall. Bei diesem Material handelt es sich um natürliches Vulkanglas; Glas, das in der unvorstellbaren Hitze der Erde aus vielerlei Gestein herausgeschmolzen und meist als schwarzes Glas gefunden wird. Blauen Obsidian findet man nur sehr selten; bei vielen Edelsteinhändlern ist er sogar völlig unbekannt. Alle Obsidiansorten sind demnach reines Feuer, männlich und aktiv, also dem sogenannten elektrischen Fluid zuzuordnen.

Eine meiner Kristallkugeln, die einst von Logenmitgliedern und Menschen aus den Kreisen um Franz Bardon genutzt wurde, kam vor einiger Zeit über einen Bekannten zu mir. Das Interessante an dieser Kugel ist, dass darin ein Logen-Hilfsgeist eingeschlossen ist, offensichtlich zu dem Zwecke, Auskunft zu erteilen.

Wie bereits weiter oben angemerkt, können neben den natürlichen Spiegeln auch andere Spiegelarten magische Verwendung finden. Alle Spiegel werden auf die verschiedenste Weise hergestellt und präpariert.

Der natürliche Spiegel

Unter natürlichen Spiegeln versteht man im allgemeinen Spiegelflächen, die auf natürliche Art und Weise in der freien Natur entstanden sind. Viele alte Sagen berichten von heiligen Seen und Steinschalen, an denen meist Priesterinnen Divination und Orakelbefragung betrieben. Diese Gewässer befanden sich an besonders heiligen Plätzen, die oft nur von wenigen Auserwählten betreten werden durften. Leider sind solche naturreinen Orte in unserer Zeit eine große Seltenheit geworden.

Der Flachspiegel

Als Flachspiegel werden all jene Magischen Spiegel bezeichnet, die keinerlei Wölbung oder besondere Form aufweisen. Oft finden gewöhnliche Haushaltsspiegel auch magische Anwendung, wobei diese dann meist nicht mehr gleichzeitig für die allgemeinen Alltagsbedürfnisse eingesetzt werden sollten. Geübte hellsichtige Menschen sind allerdings in der Lage, an jedem dunklen oder glänzenden Gegenstand die im Geiste aufkommenden Bilder reflektieren zu lassen, um diese dann verstandesgerecht umsetzen zu können. Für die magische Arbeit hat sich allerdings der Hohlspiegel durchgesetzt, obwohl seine Anfertigung durchaus aufwendiger ist als die eines Flachspiegels.

Das Bild S. 33 zeigt eine tibetische Dakini, ein weibliches Geistwesen (einem Engel ähnlich), das in der einen Hand einen Spiegel hält und in der anderen Hand eine Schale voller wunscherfüllender Juwelen. In dem Spiegel sieht die Dakini Vergangenheit, Gegenwart und Zukunft und ist bereit, dem Menschen einerseits Wünsche zu erfüllen und ihm andererseits einen Blick in die Zukunft zu gewähren.

Die tibetische Achi Chökyi Dölma in großer Aktivität (zornvolles Mitgefühl)

Achi Chökyi Dölma als Dakini

Der Hohlspiegel

Der Hohlspiegel dürfte der meistgenutzte Spiegel in der ritualmagischen Tradition sein. Auch ich bevorzuge diese Art von Spiegel, weil sie vielerlei Anwendungsmöglichkeiten bietet.

Dem Betrachter eines Hohlspiegels fällt sofort seine Ähnlichkeit mit einer Satellitenschüssel auf. Und ähnlich dem Empfangsprinzip einer Satellitenantenne funktioniert auch der Hohlspiegel mit seiner Wirkung auf bestimmte menschliche Gehirnzentren. Zwischen Gehirn und Spiegelfläche entsteht eine Art von »frequenter Beziehung« mit gegenseitiger Wechselwirkung.

Die einfachste Methode, einen Hohlspiegel anzufertigen, ist die Verwendung von Uhrenglas, welches im entsprechenden Fachhandel oder bei jedem Juwelier zu bekommen ist.

Mein eigener »Universalspiegel« besteht aus zwei übereinanderliegenden Uhrengläsern, deren Rückseiten schwarz lackiert wurden. Zwischen diesen beiden gewölbten Glasscheiben wurden von mir im »Sandwichverfahren« zahlreiche Schichten von Fließpapier und Bienenwachsplatten eingebettet. Jede dieser Fließpapierlagen wurde mit einem sogenannten Kondensator getränkt, um so viele elementische, astrologische als auch planetare Analogien zu berücksichtigen. Schließlich habe ich sowohl die Innenfläche des unteren Glases als auch die Rückseite des oberen Glases in der Mitte mit reinem Goldpulver und gegen den äußeren Rand hin mit Silberpulver beschichtet.

Eine Pulverbeschichtung von Glas lässt sich ganz einfach durchführen, indem man die zu beschichtende Stelle zuvor mit Klarlack bestreicht und dann unmittelbar danach mit dem

Pulver bestreut. Sobald der Lack eingetrocknet ist, wird auch die Pulverbeschichtung ausreichende Haftung finden.

Nachdem ich bei meinem Spiegel alle Schichten des Spiegels übereinander gelegt hatte, goss ich die Rückseite des Uhrenglases noch in Gips, der ebenfalls mit einem flüssigen Kondensator angerührt wurde. Zwar ist der Spiegel etwas schwer im Gewicht, seine magnetische Strahlung erwies sich aber als besonders stark.

Spiegellehre nach Randolph

Einer der größten Pioniere der Spiegelmagie war sicherlich Pascal Beverley Randolph (1825–1875). Er unterschied vier verschiedene Arten von Magischen Spiegeln:

1. Kleine Spiegel, billige Imitationen des echten Arbeitsspiegels
2. Männliche Magische Spiegel
3. Weibliche Magische Spiegel
4. Wissenschaftliche Spiegel, die unter Beachtung vieler Regeln und Analogiegesetze[3] hergestellt wurden.

Der kleine Spiegel

Die sogenannten kleinen Spiegel sind eher philosophisches Spielzeug als wirkliche Arbeitsinstrumente. Sie haben einen oder zwei Brennpunkte, doch kann man in ihnen nur Rauch, Feuer, diverse Symbole und einige Schatten erkennen. Ihre magnetische Oberfläche ist sehr schwach, und ihre Brennpunkte stehen nur selten mit der gewünschten mathematischen Genauigkeit fest. Sie werden vor allem von Mitgliedern des Fahrenden Volkes verwendet, da diese oft keinen Zugang zu genaueren Spiegeln haben und einfache magische Hilfsmittel und Ritualgegenstände bevorzugen.

Ein kleiner Spiegel ist leicht herzustellen:

3 Zusammenhängende Entsprechungen, z.B.: Das der Sonne analoge Metall ist Gold.

- Aus einem Stück Ton stellt man eine konvexe Form von 15 Zentimetern Durchmesser her. Diese lässt man trocknen, brennt sie und poliert ihre gekrümmte Oberfläche so gut wie möglich. Danach stellt man eine entsprechende konkave Form her und verbindet beide Hälften, sodass sie einen hermetisch abgeschlossenen Behälter bilden.
- Sodann gießt man in den Raum zwischen den beiden Formen flüssiges Glas, das, wenn es erstarrt ist, die gewünschte Krümmung aufweist. Nach derselben Methode gießt man ein zweites Stück Glas und verbindet es mit dem ersten, wobei zwischen den beiden Innenflächen ein Abstand von einem halben Zentimeter freizulassen ist. Dieser Hohlraum wird durch ein kleines Loch, das in die Versiegelung gebohrt wurde, mit schwarzer Tinte gefüllt. Wenn diese Operation beendet ist, wird das Loch hermetisch versiegelt – mit anderen Worten, man schließt es dicht.

Ein anderer kleiner Spiegel ist der des bekannten Magiers Dr. John Dee. John Dee arbeitete im Auftrag des britischen Königshauses. Seine Manuskripte waren unter anderem Grundlage der Rituale des bekannten magischen Ordens Golden Dawn.

Dieser Spiegel wird folgendermaßen hergestellt:

- Man wählt ein Stück schwarzen Anthrazit, aus dem man einen Kubus schneidet, dessen Seitenlänge nicht größer als 15 Zentimeter sein sollte. Die polierte Oberfläche darf keinerlei Sprünge oder helle Flecken aufweisen.
- Diese Oberfläche wird nun sorgsam ausgehöhlt, sodass die Tiefe der erhaltenen Krümmung einem Fünftel ihres Durchmessers entspricht. Dann wird die neue Fläche besonders sorgfältig poliert.

- Der so erhaltene Spiegel wird in einen Rahmen aus Hartholz eingesetzt.

Der Spiegel des Dr. John Dee kann auch von nur einem Beobachter verwendet werden. Bessere Resultate werden mit ihm allerdings erzielt, wenn man mit Hilfe eines Mediums arbeitet.

Andere Magische Spiegel, die von Magiern und orientalischen Zauberern verwendet werden, zählen wir ebenfalls zu dieser Kategorie der »kleinen, gewöhnlichen Spiegel«. Diese sind meist von eher primitiver Machart und werden aus nur einem Material hergestellt. Der Nachteil dieser Spiegel ist, dass diese den Magnetismus (auf Grund der größeren Oberfläche) nicht sehr stark konzentrieren bzw. erhalten können, sodass die Fluida leicht entweichen können. Diese Spiegel sollten nur verwendet werden, wenn sie sehr klein sind. Überschreiten sie einen Durchmesser von 15 Zentimeter, so ist es kaum mehr möglich, sie mit genügender Spannkraft aufzuladen.

Der männliche Magische Spiegel

Diese Spiegel sind wesentlich stärker und wirksamer als die bisher behandelten. Sie besitzen eine ovale Form mit einer Achsenlänge von 25 und 35 Zentimetern. Die magnetische Kraft ihrer Oberfläche ist besonders stark.

Der männliche Spiegel ist aus Glas hergestellt, das mit großer Präzision geformt wird und einen Teil Gold auf hundert Teile Glas enthält. Die Beschichtung des Spiegels ist sehr wichtig und wird deshalb zum geeigneten astrologischen Zeitpunkt aufgetragen. Alle Arbeiten, die seine Herstellung betreffen, müssen in gelbem Kunstlicht durchgeführt werden. Die Mischung für seine Beschichtung besteht aus sehr feinem Eisenpulver, Silberbromid, Lactucarium (die Kohle der Blätter von Atropa belladonna) und Kopalöl im folgenden Verhältnis: auf einen Teil Eisenpulver kommen drei Teile Silberbromid, zwei Teile Lactucarium und sieben Teile Öl.

Die magnetische Oberfläche des männlichen Magischen Spiegels ist empfindlich wie eine photographische Platte. Lassen Sie es zu, dass ein Fremder den Spiegel einige Minuten in Händen hält, so reagiert er selbst viele Tage später noch ungünstig. Auf seiner Oberfläche, die normalerweise schwarz ist, erscheinen dann manchmal zahlreiche graue Flecken, die für eine entgegengesetzte magnetische Ladung charakteristisch sind.

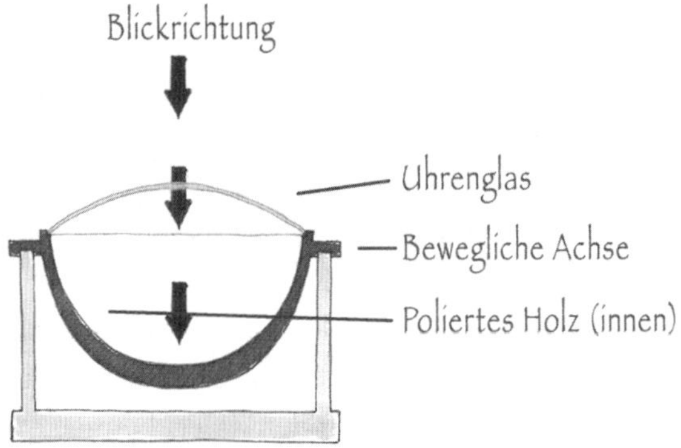

Spiegel nach Randolph

Der weibliche Magische Spiegel

Der sogenannte weibliche Magische Spiegel gehört wiederum eher zu den kleineren Sorten. Hellsichtige Spiegelpraktiker gaben ihm den Namen »Weiblicher Spiegel« oder »Spiegel des schönen Geschlechts«.

Bei gewissenhafter und korrekter Herstellung des weiblichen Spiegels besitzt dieser eine starke magnetische Anziehungskraft und hohe Sensibilität. Die magnetische Schicht bleibt an der Oberfläche haften, sofern der Durchmesser nicht mehr als 20 Zentimeter beträgt. Andernfalls würde sich der aufgeladene Magnetismus allzu schnell entladen, wodurch der Spiegel sogar unbrauchbar werden kann.

Der weibliche Spiegel ist für alle magischen Visionen genauso geeignet wie der männliche Spiegel, doch ist er nicht stark genug, um einen Einfluss auf eine abwesende Person zu projizieren oder ihr Abbild zu evozieren, sprich herbeizurufen. Die spiegelmagische Einflussnahme auf andere Personen findet bei Fernheilungen gute Verwendung, wobei ein hohes ethisches Niveau, also die seelische Reife des Anwenders, vorauszusetzen ist.

Das Aufladen von Magischen Spiegeln

Wenn man erfolgreich mit seinem Magischen Spiegel arbeiten will, ist es erforderlich, ihn zu laden. Deshalb wird dem Vorgang der Ladung im Folgenden besondere Aufmerksamkeit gewidmet.

Mittels der eigenen Imaginationskraft (visuelle und gefühlsmäßige Vorstellung) projiziert der Übende die für seine Arbeit gewünschte Kraft und Eigenschaft entweder aus sich selbst oder direkt aus dem Universum heraus in den Spiegel hinein. Dort werden diese Kräfte und Eigenschaften gestaut und gebannt, sodass sie nicht mehr entweichen können.

Nachdem der Spiegel respektive seine Oberfläche über eine ausreichende energetische Spannkraft (Dynamide) verfügt, wird nach dem umgekehrten Prinzip jede gestaute Kraft und Eigenschaft wieder aus dem Spiegel gelöst und zum jeweiligen Ursprung zurückgeführt bzw. aufgelöst.

Hat der Übende aus sich selbst heraus gearbeitet, so zieht er die Energien am Ende wieder in sein eigenes Bewusstsein und seinen Körper zurück. Wurde aus dem Universum heraus projiziert, so werden die Energien entsprechend dem zuvor Beschriebenen ins Universum zurückgeführt und dort Kraft der Vorstellung aufgelöst.

Den hermetischen Traditionen und Analogiegesetzen gemäß beginnt man seine Übungen, indem man die vier Elemente – Feuer, Erde, Wasser, Luft – projiziert, staut und wieder auflöst.

Das Visualisieren des Feuerelements wird durch Vorstellung

eines starken und ausdehnenden Hitzegefühls, verbunden mit einer roten Farbschwingung, geübt.

Die Entsprechungen des Luftelements sind das Gefühl des Schwebens, der Leichtigkeit, verbunden mit einer blauen Farbschwingung.

Das Wasserelement ist mit dem Gefühl der sich zusammenziehenden – sich verdichtenden – Kälte, verbunden mit einer silberblauen oder grünen Farbschwingung zu üben.

Die Entsprechung des Erdelements schließlich ist ein Gefühl von Schwere und Dichtigkeit, verbunden mit einer lehmbraunen Farbschwingung.

Wenn Sie, lieber Leser, eine hohe Fertigkeit in der Elementeprojektion erreicht haben, gehen Sie den Analogiegesetzen entsprechend weiter vor und üben das Projizieren, Stauen, Bannen und Wiederauflösen des Akasha-Prinzips, des Lichts, des elektrischen und schließlich des magnetischen Fluids!

Akasha ist der unendliche und zeitlose Raum mit einer dunkelvioletten bis schwarzblauen Farbschwingung (Magenta).

Das Lichtprinzip wird als hellweiße Strahlung imaginiert.

Das elektrische Fluid entspricht dem aktiven Urstrom, aus dem sowohl das Feuerelement als auch gleichzeitig das Luftelement entstehen; die Farbvorstellung ist rot.

Das magnetische Fluid ist der Urstoff, aus dem das Wasserelement und schließlich das Erdelement entstehen. Seine Farbschwingung ist blau.

Eine gute Unterstützung bei der Reinigung der Elemente oder der Anhebung ihrer Schwingung sind die tibetischen Elemente-Mantras, die ich nachfolgend angebe:

Elementereinigung

Element	Mantra	Reinigt von
Akasha/ Raum:	Om ah hum, ae shutdi shudi a svaha	(Begierde)
Luft:	Om ah hum, yam shutdi shudi a svaha	(Zorn/Hass)
Wasser:	Om ah hum, vam shutdi shudi a svaha	(Stolz)
Erde:	Om ah hum, lam shutdi shudi a svaha	(Unwissenheit)
Feuer:	Om ah hum, ram shutdi shudi a svaha	(Argwohn)

Elementestärkung

Element	Mantra
Akasha/ Raum:	Om sarva akasha perbava samgriha bavate savaha
Luft:	Om sarva vayu perbava samgriha bavate savaha
Wasser:	Om sarva utaka perbava samgriha bavate savaha
Erde:	Om sarva prithvi perbava samgriha bavate savaha
Feuer:	Om sarva agne perbava samgriha bavate savaha

Wenn Sie einen Spiegel, einen beliebigen Gegenstand oder sich selbst elementisch reinigen oder stärken respektive aufladen wollen, so können Sie diese tibetischen Mantras mindestens 108mal je Zeile/Element rezitieren.

Um beispielsweise Ihren Spiegel zu laden, stellen Sie sich das Element intensiv in allen seinen analogen Eigenschaften vor. Lassen Sie es dann, verbunden mit den Mantras, über die Hände auf die Spiegelfläche strömen. Wenn Sie das Gefühl haben, dass die Ladung ausreichend ist, binden Sie kraft Ihres Willens und Ihrer Vorstellung das Element an den Spiegel oder den gewünschten Ort.

Nachdem Sie ein Element in Ihren Spiegel gestaut haben, üben Sie bitte gleich anschließend das Entladen des Spiegels. Sie sollten immer wissen, welche Kraft sich gerade im Spiegel befindet. Wollen Sie in einer der späteren Übungen beispielsweise das Feuerelement bereisen, haben aber noch eine restliche Ladung von Wasserelement in Ihrem Spiegel, so ist Ihr Experiment mit großer Wahrscheinlichkeit zum Scheitern verurteilt.

In meinem Buch »Die hohe Kabbalah« bin ich intensiv und ausführlich auf den kabbalistischen Gebrauch und die Anwendung der Elementekräfte eingegangen. Ich bitte den Leser, dem die obigen Hinweise nicht genügen sollten, meine vorherigen Publikationen zur Hand zu nehmen.

Kapitel 2

Der Umgang mit dem Magischen Spiegel

Jeder magische Gegenstand ist ein Hilfsmittel, eine Art Gedächtnisstütze. Daher ist keiner von ihnen – weder ein magisches Ritualmesser, noch ein magischer Stab oder, wie in unserem Falle, ein Magischer Spiegel – tatsächlich der eigentliche Urheber magischer Phänomene. Ein magisches Gerät kann nur wirksam sein, wenn all seine Anlagen und Eigenschaften auch in der Persönlichkeit und dem Wesen seines Besitzers latent vorhanden sind. Durch oftmaligen, vielleicht jahrzehntelangen Gebrauch kann ein magischer Gegenstand allerdings vollständig von der Persönlichkeit des Besitzers oder der Kraft/Eigenschaft, die er verkörpert, durchdrungen sein. Ein dergestalt von Kräften erfülltes Werkzeug kann auch in den Händen eines Nichteingeweihten wirksam sein.

Hieraus ergibt sich, dass der Besitzer eines magischen Gegenstandes für diesen eine besondere Verantwortung trägt und in Aufbewahrung und Umgang mit ihm besondere Wachsamkeit walten lassen sollte. Wickeln Sie Ihren Spiegel nach jedem Gebrauch in ein sauberes Seidentuch, das Sie speziell dafür vorbereitet haben. Seide hat isolierende Eigenschaften. Sie hält Ihren Magnetismus im Spiegel und schützt ihn gleichzeitig vor unerwünschten Fremdenergien.

Lassen Sie Ihren Spiegel von niemand anderem berühren. Sollten Sie sich irgendwann einmal dazu entschließen, Gruppenübungen mit Ihrem Spiegel durchzuführen, können Sie dann zwar gestatten, dass andere hineinschauen, doch sie dürfen ihn nicht berühren! Der Grund: Der Spiegel ist mit Ihrem persönlichen Magnetismus aufgeladen und von ihm durchdrungen. In der westlichen Tradition spricht man bei diesem Vorgang von einem »Einoden«, wobei »Od« die Bezeichnung für Lebenskraft ist. – Wenn Sie sich entschließen, selbst einen Magischen Spiegel anzufertigen, den Sie dann auch über viele Jahre hinweg nutzen, sollten Sie sich daher über dessen Verbleib nach Ihrem irdischen Ableben Gedanken machen.

Überlegen Sie sich zudem ein geheimes Zeichen und ein sogenanntes Zündwort, ein Mantra, womit Sie Ihren Spiegel aktivieren bzw. deaktivieren. Das Zeichen schreiben Sie über Ihrem Spiegel mit dem Zeigefinger in die Luft, während Sie gleichzeitig das Zündwort flüstern. Überlegen Sie sich auch, welche Farbe Ihr Zeichen hat, und stellen Sie sich diese beim »Erwecken« Ihres magischen Gegenstandes intensiv vor. Ein solches Zeichen nennt man in der westlichen Tradition »Sigille«[4]. Es darf aber nicht mit dem Siegel einer Wesenheit, Intelligenz oder eines Engels verwechselt werden. Alle Einzelheiten der Ausgestaltung der Kontaktaufnahme mit Ihrem Fokus obliegen vollkommen Ihren persönlichen Vorlieben und Ihrer Kreativität.

Sind Sie besonders talentiert oder haben erst einmal über viele Monate das »Sehen im Spiegel« geübt, können Sie jede x-beliebige glatte Oberfläche zum »Sehen« verwenden. Dies

4 Eine Sigille ist die grafische Darstellung einer Idee oder Eigenschaft. Es kann auch eine bestimmte Fingerhaltung – ein Mudra – sein. Sigillenmagie wird in der einschlägigen Literatur ausführlich beschrieben.

kann die schwarze Oberfläche einer gefüllten Kaffeetasse sein, aber auch die Oberfläche einer polierten Schranktür, eines Sees oder einer gefüllten Wasserschüssel.

Gerade hier macht sich eine durch intensiven Gebrauch gut aufgeladene Sigille bezahlt. Sie kann ja generell die »Einschaltformel« Ihres Hellsehens sein. Doch kehren wir für all jene, die zuerst einmal das Sehen mit einem Spiegel üben möchten, zu den Grundlagen zurück:

- Der Magische Spiegel muss stets sauber und frei von störenden Kratzern sein.
- Um Erfolge beim Sehen erzielen zu können, bedarf es beim Sehenden einer besonderen Sensibilität.
- Ihr Arbeitsraum sollte frei von jedweder akustischen oder visuellen Störung sein.
- Besondere rituelle Reinigungen und Gebete/Mantrarezitationen sind eine gute Vorbereitung für das erfolgreiche Sehen im Spiegel.
- Formulieren Sie im Vorfeld eine genaue Frage oder konstruieren Sie eine möglichst exakte Situation, über die Sie sich beim Blick in den Spiegel Auskunft erhoffen.
- Konzentration ist der Schlüssel zum Erfolg. Daher müssen Sie lernen, alle äußeren Einflüsse aus Ihrem Denken zu verbannen und sich meditativ zu versenken. Erzeugen Sie »Gedankenstille«! Alles außer Ihrer Frage sollte aus Ihren Gedanken verbannt sein.
- Achten Sie auf die Mondstellung. Die beste Zeit für die Spiegel- oder Kristallschau ist die Phase des zunehmenden Mondes (indisch: Shukal Paksh). Die abnehmende Mondphase hingegen erschwert den Vorgang. Nimmt der Mond zu, ist die Stunde, in der die Sonne an ihrem nördlichsten Punkt steht, nach alter indischer Lehre die beste Zeit für

die Spiegel- oder Kristallschau. Generell stärkt Mondlicht in der zunehmenden Phase bis Vollmond die magnetische Kraft Ihres Spiegels oder Kristalls. »Baden« Sie Ihren Spiegel also immer wieder in nächtlichem Mondlicht.

- Eine unterstützende Wirkung beim »Sehen« erzeugt der Einsatz von Räucherwerk. Reiner Weihrauch ist förderlich. Bei der Anrufung bestimmter Planetensphären ist die analoge Räuchermischung der betreffenden Sphäre am erfolgversprechendsten (siehe Kapitel: Evokation).
- Setzen Sie sich in einer ruhigen und bequemen Haltung (Yoga: Asana) vor Ihren Spiegel. Richten Sie Ihren Blick nicht in den Spiegel oder die Kugel, sondern einige Zentimeter darüber. Vermeiden Sie möglichst häufig das Blinzeln mit den Augen.
- Der Magische Spiegel oder Ihre Kristallkugel sollte regelmäßig, am besten täglich, eingeodet werden. Dazu streichen Sie etwa fünf Minuten lang zuerst mit der rechten Hand über die Oberfläche (ohne diese zu berühren), danach wiederholen Sie die Prozedur mit der linken Hand. Die »elektrische« Od-Kraft Ihrer rechten Hand verleiht dem Spiegel Stärke und Kraft, die »magnetische« Od-Kraft Ihrer linken Hand hingegen verleiht ihm Sensibilität.
- Die Spiegeloberfläche darf niemals in Sonnenlicht oder gar elektrisches Licht gehalten werden. Dies würde die magnetische Eigenschaft des Spiegels beeinträchtigen oder gar zerstören.

Am wichtigsten aber ist: Üben, üben und nochmals üben. Nur konstantes Arbeiten und Schulen der eigenen Fähigkeit führt zum gewünschten Erfolg.

Kapitel 3

Die Grundregeln der Magie

Lerne, zu schweigen.
Schweige über deine Übungen, über deine Vorbereitungen und über deine Handlungen.

Lerne, zu handeln.
Handle nur noch als Magos und suche, dich in und durch deine Handlungen weiter fortzubilden, um ein wahrer Eingeweihter zu werden.

Lerne, zu betrachten.
Betrachte alles vom naturgemäßen Standpunkt aus und wiege dich nicht in Illusionen. Jede Utopie und Unwahrscheinlichkeit halte aus deinem Leben fern.

Lerne, unabhängig zu sein.
Lasse dich nie beirren oder beeinflussen, mag dieses nun von Menschen oder von Unsichtbaren ausgehen.

Lerne, zu unterscheiden.
Lerne, die Wirklichkeit vom Schein zu unterscheiden und die Fantasien von den Tatsachen.

Lerne, loszulassen.
Hänge nicht an eigenen Sinnesprodukten, und liebäugle nicht mit den Fantaplasmen[5] deines schöpferischen Willens.

Lerne, unvoreingenommen zu sein.
Gehe ohne jedes Vorurteil und ohne jede Voreingenommenheit an dic Verwirklichung deines geplanten Werkes und erhoffe dabei nichts, was den Naturgesetzen widerspricht.

Befolgst du diese Gesetze, wird dich der Erfolg überraschen, und du findest ein Gebiet zur Betätigung, an welchem du deine größte Freude haben wirst.

5 Eine in der okkulten Sprache gebräuchliche Benennung von Wesenheiten, die vom Menschen selbst und unbewusst erschaffen werden.

KAPITEL 4

Das innere Zeitrad

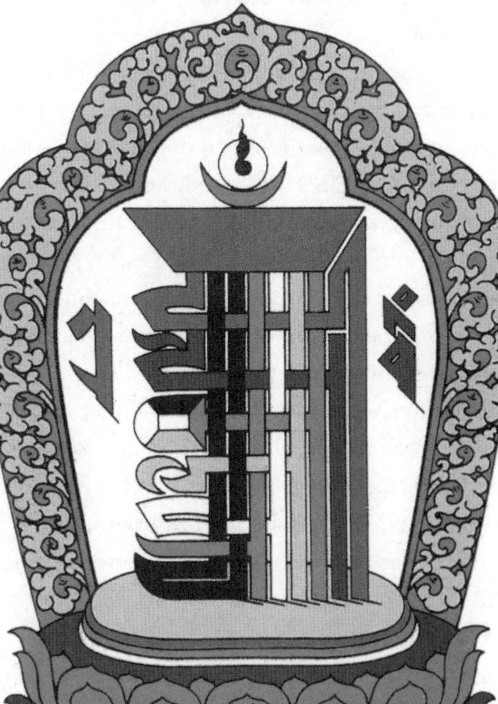

Kalachakra-Mandala
Quelle: Kalachakra, Graz 2002

Gleich welche spirituellen Eigenschaften und Kräfte man erwecken will: Dieser Wunsch macht es unabdingbar notwendig, dass man sich mit dem feinstofflichen Körper und seinen Energiezentren auseinandersetzt. Dies trifft in besonderem Maße für alle Eigenschaften des Hellsehens, Hellhörens, Hellwissens und des Hellfühlens und somit auch für die Arbeit mit dem Magischen Spiegel zu und verdient deshalb unsere besondere Aufmerksamkeit.

Die Alten wussten genau über die Energieströme Bescheid und gaben ihren Schülern wirksame Anweisungen, mit denen diese ihre Energiezentren reinigen und später ausprägen und aktivieren konnten. Einerseits war dieses Wissen hilfreich bei der Behandlung von physischen und psychischen Störungen oder Krankheiten; andererseits diente es zur bewussten Heranbildung gewisser spiritueller Fähigkeiten. Nun, ich schreibe »war«, weil hier bei uns in der westlichen Welt nahezu alles alte Wissen verdrängt und vergessen wurde.

Die keltische Kultur, also die unsere, findet ihre ursprünglichsten Wurzeln in den Gebieten der Zentralmongolei, wo auch gewisse Strömungen aus dem Kaschmirgebiet Einfluss hatten. Gerade deshalb sehe ich das orientalische Wissen, insbesondere das noch von einigen Tibetern gehütete, für uns Europäer als besonders wertvoll an. Mir persönlich hat das Praktizieren einiger Übungen aus dem *Kalachakra Tantra* zu großen Bewusstseinssprüngen verholfen, von denen auch meine Schüler profitieren konnten (Kalachakra = Sanskrit für: Zeitrad; die Gottheit des Zeitrades ist Vishvamata, die tantrische Partnerin des Kalachakra. Siehe Bild S. 55). Aus diesem Grund werde ich im vorliegenden Buch gerade auf dieses Tantra hinweisen.

Nach den tibetischen Tantra-Lehren befinden sich im menschlichen Körper Tausende von unsichtbaren, also feinstofflichen Energiekanälen, durch die Energieströme, sogenannte Winde und Energietropfen, fließen. Dieses komplexe System ist das innere Mandala, das von bestimmten männlichen und weiblichen Schützerenergien (Bodhisattvas und Shaktis) bewacht wird.

Kalachakra-Gottheit
Quelle Kalachakra, Graz 2002

Dieses Mandala steht in direktem Zusammenhang mit dem äußeren Atem, ja mit dem physischen Leben schlechthin. Es bildet den Lebenskern zwischen der menschlichen Existenz, der Geburt, verschiedenen Veränderungen des physischen und psychischen Zustandes und den Wertigkeiten des inneren Systems.

Eine ganz besondere Rolle spielt dieses Mandala als astrologische Relation zwischen dem Menschen und der Außenwelt. Dies erklärt sich aus der Annahme, dass alle im Körper vorhandenen feinstofflichen Energieströme in einer Synchronisation mit den planetaren und somit auch astrologischen Strömungen des Universums befinden. Die Bewegungen der inneren Strömungen werden als Kern der sogenannten inneren Astrologie verstanden. Stellungen und Zustände der Chakras, Energiekanäle und der sich darin bewegenden Tropfen sind demnach mikrokosmische Sterne und Planetenkonstellationen, wie wir sie ja makrokosmisch beobachten können.

Der Kalachakra-Tradition des ersten Dalai Lama zufolge existieren drei wesentliche Energiekanäle im menschlichen Körper.

- Der sogenannte *Zentralkanal.* Er ist fingerdick, beginnt zwischen den Augenbrauen und verläuft in einem leichten Bogen vom Stirn-Chakra direkt unter die Schädeldecke zum Scheitel-Chakra, dann in einem Bogen vor dem Rückgrat über das Kehl-Chakra, das Herz-Chakra und das Nabel-Chakra (vier Fingerbreit unter dem Bauchnabel) zum Sexualorgan mit einer Abzweigung zum Anus (siehe Bild S. 56).
- Die beiden dünneren sogenannten *Nebenkanäle.* Sie liegen rechts und links des Zentralkanals (siehe Bild S. 57). Jeweils an den Chakras windet sich der linke Nebenkanal im Uhrzeigersinn und der rechte Nebenkanal entgegen dem Uhrzeigersinn um den Zentralkanal.

Ab dem Nabel-Chakra nach unten hin wechselt der rechte Kanal auf die linke Seite und endet im Anus, der linke Kanal wechselt hingegen auf die rechte Seite und endet vorne am Sexualorgan.

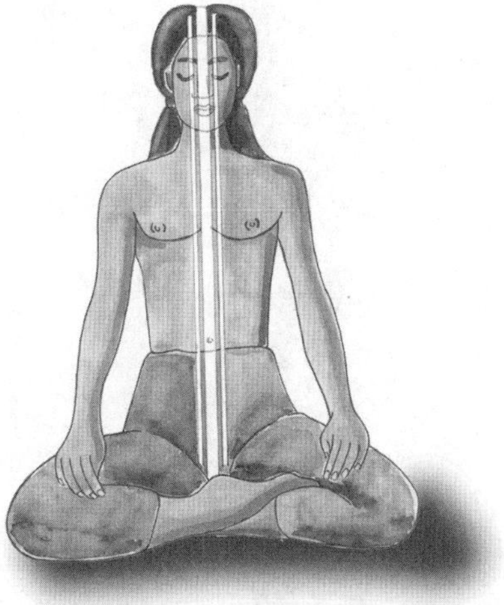

Diese Vorstellungen bilden das imaginäre Mandala. Im oberen Teil dieses Mandalas bis zum Nabel ist der Zentralkanal grün und wird dem Element Raum (Akasha) und dem Atem zugeordnet. Der rechte Nebenkanal ist rot, gehört zum Element Feuer und steht für das Blut, die Sonne und die Himmelsrichtung Süden. Der linke Nebenkanal ist weiß, entspricht dem Element Wasser und wird dem Samen und dem Mond zugeordnet. Der Zentralkanal ist von blauer Farbe und findet seine Entsprechung in der Weisheit, dem Samen und dem Verfinsterungsplaneten »Kalagni«. Der linke Kanal wird dann schwarz und wechselt in seiner Entsprechung zum Luftelement, dem Urin und der Himmelsrichtung Osten.

Die bisherige Beschreibung des menschlichen Energiesystems entsprach dem sogenannten horizontalen Bild des Mandalas. Das vertikale Bild entsteht durch den oberen Teil des Zentralkanals (Akasha), den oberen linken Kanal (Wasserelement) und den unteren linken Kanal mit seiner Entsprechung zum

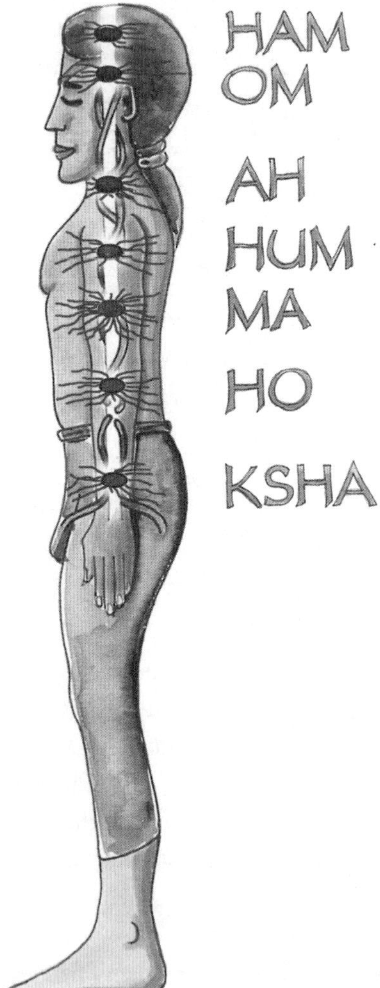

Die Chakras und das Kalachakra-Mandala

Luftelement. Die Kanäle stellen die männliche Seite und die Methodik mit den Himmelsrichtungen Osten, Zentrum und Norden dar. Die weibliche Seite und somit die Weisheit des Mandalas bildet sich aus dem unteren Zentralkanal »Weisheit«, dem rechten oberen Kanal »Feuer« und dem rechten unteren Kanal »Erde«. Sie bezeichnen die Himmelsrichtungen Westen, Zentrum und schließlich Süden.

In der Kalachakra-Tradition steckt ein geheimer Schlüssel für das Tor zu Shambala, dem Ort der »Blauen Mönche«. Shambala ist ein sagenumwobener spiritueller Ort, von dem aus unter anderem die sogenannte Weiße Bruderschaft wirkt. Es liegt in der vierten Dimension (und ist daher für das menschliche Auge nicht sichtbar) über einem Gebiet, das sich über Altai, Mongolei, Afghanistan, Tibet und Nordindien im Himalaya erstreckt.

Die Chakras

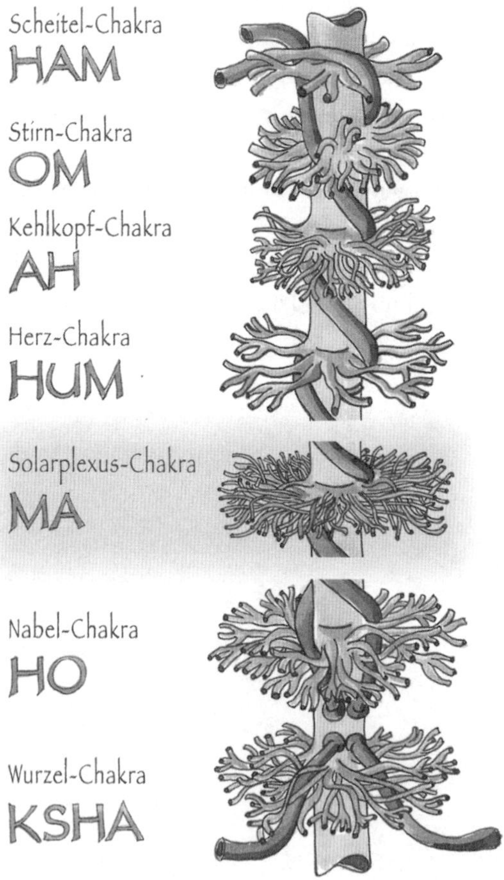
Scheitel-Chakra
HAM
Stirn-Chakra
OM
Kehlkopf-Chakra
AH
Herz-Chakra
HUM
Solarplexus-Chakra
MA
Nabel-Chakra
HO
Wurzel-Chakra
KSHA

Im Gegensatz zu allen im Westen bekannten Chakra-Systemen kennt das Kalachakra-System sechs »innere« Chakras, die sich in einer Waagerechten um den Zentralkanal bilden. Um jedes dieser sechs Chakras windet sich ein Knoten des rechten und linken Nebenkanals. Diese Knoten engen den Hauptkanal etwas ein und bilden genau an diesen Stellen eine Hauptverzweigung in horizontal gelegene Energiekanäle, die sich wiederum in viele Verästelungen teilen und bis zu den Gliedmaßen reichen. Diese Verästelungen sind nichts anderes als das jeweilige Chakra selbst.

Das ***Scheitel-Chakra***, es wird auch *Rad der großen Glückseligkeit* genannt, wird als vierblättrige Lotosblüte dargestellt. Dies symbolisiert, dass es sich aus vier grünen Hauptkanälen bildet. Die Wächter des Scheitel-Chakras sind die Gottheiten Kalachakra und Vishvamata sowie zwei Shaktis, die von Vishvamata absorbiert werden.

Das ***Stirn-Chakra*** *(Drittes Auge)*, das *Rad des Windes*, besteht aus einer Lotosblüte mit 16 Blättern, also 16 horizontalen Hauptkanälen. Die Wächter des Stirn-Chakras sind die sogenannten 16 Tathagatas des Geist-Mandalas. Es handelt sich bei diesen um je vier männliche und vier weibliche Buddhas mit ihren Partnerinnen bzw. Partnern.

Das ***Kehl-Chakra***, auch *Rad des Genusses* genannt, bildet sich aus einer Lotosblüte mit 32 Blättern, also 32 Hauptkanälen. Diese Hauptkanäle werden von 24 Bodhisattvas, je zwölf männlichen und zwölf weiblichen, und den sogenannten acht zornvollen Schützern (vier männlichen und vier weiblichen) bewacht. Die Hauptfarbe der Speichen ist rot.

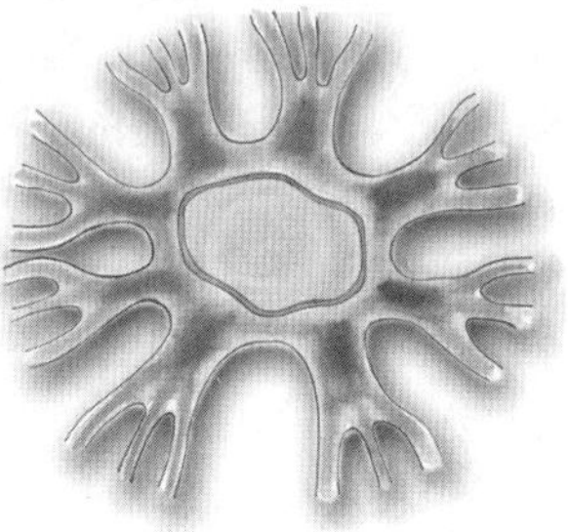

Herz-Chakra

Das ***Herz-Chakra***, das *Rad der Phänomene*, bildet sich aus einem achtblättrigen Lotos und somit aus acht Hauptkanälen. Dieses wird von den acht Shaktis (weibliche Gottheiten als Wächter der Kundalini-Kraft) des Geist-Mandalas bewacht.

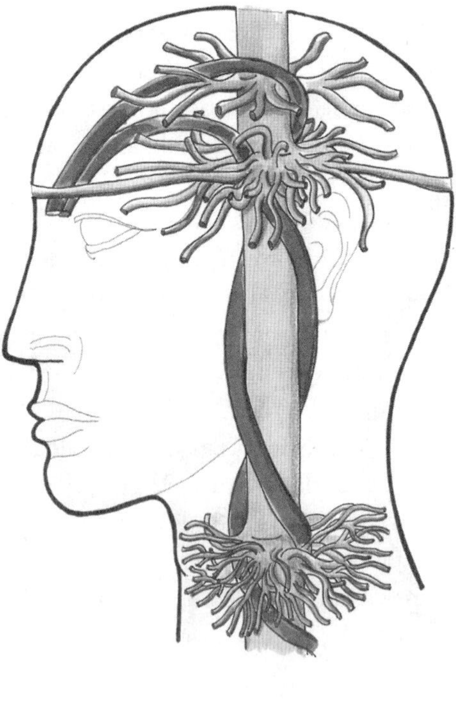

Die Chakras im Kopf

- Das ***Solarplexus-Chakra*** wird im Kalachakra-System nicht beachtet, wohingegen gerade dieses in der westlichen Tradition eine ausgesprochen wichtige Rolle spielt. Es steht ja bekanntlich für die eigene Persönlichkeit, für das Ich und das Ego, und ist demnach auch Ursache für Leid. Wahrscheinlich findet es gerade deshalb keinerlei Beachtung bei den tibetischen Eingeweihten, da deren Lehre ja rein altruistisch (selbstlos) ist. Es ist davon auszugehen, dass in den höchsten und streng geheimen Kalachakra-Einweihungen das Solarplexus-Chakra durchaus wieder Teil der Lehre und Übungen ist, dies aber gerade dem westlichen Schüler vorenthalten wird. Gerade auch bei den sogenannten Astralreisen spielt das Solarplexus-Chakra eine wesentliche Rolle. Und eben die Fähigkeit des Astralwanderns sollte jeder Mysterienschüler beherrschen, wenn er die Ebene des Suchenden hinter sich lassen und zum Kreise des Wissenden gelangen will. Wenn auch in vielen Geistesschulen, Logen und Orden gedrucktes Papier mit vielen philosophischen Gedanken verteilt wird, so findet der tatsächliche Unterricht doch auf den inneren Ebenen statt: Lehrer und Schüler treffen sich nicht physisch, sondern astral, um »geheimes« Wissen auszutauschen.

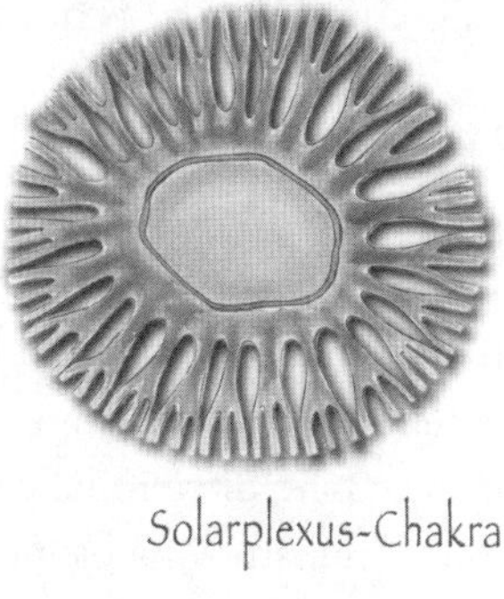

Solarplexus-Chakra

Das Solarplexus-Chakra besteht aus 96 Lotosblättern bzw. Hauptkanälen (nach der Zuordnung des *Hermetischen Ordens Melchisedek*; siehe »Die hohe Kabbalah«). Obwohl der »äußere« Solarplexus in gelber Farbe leuchtet und einen Bezug zur Sonne hat, ist der »innere« Solarplexus und somit das hier beschriebene Chakra dem unendlichen Raum zugeordnet und leuchtet dunkelblau bis schwarzviolett.

- Das ***Nabel-Chakra***, das *Rad der Hervorbringung*, bildet sich aus einem Lotos mit 64 Blättern. Somit besteht es aus 64 Hauptkanälen. Die Wächter sind 64 Göttinnen des sogenannten »Sprach-Mandalas«. Seine Farbe ist Gelb.
- Das ***Wurzel-Chakra***, auch *Rad der Erhaltung der Glückseligkeit*, besteht aus einer Lotosblüte mit 32 Blättern bzw. Hauptkanälen. An jedem Hauptkanal steht einer der 32 Schützergottheiten des sogenannten Körper-Mandalas. Die Kanäle des Wurzel-Chakras sind von blauer Farbe und entstehen aus dem in der Mitte liegenden Zentralkanal.

In der Kalachakra-Praxis werden nicht nur die Kanäle, die Energieströme und Energietropfen, sondern auch all jene »inneren« Wächtergottheiten visualisiert. Dies ist für unseren Zweck allerdings nicht unbedingt erforderlich, deshalb sehe ich hier von einer weiteren Beschreibung der Schützer ab.

Schon im Mutterleib, spätestens aber nach der Geburt eines Menschen, werden durch verschiedene Umstände und Einflüsse einige der beschriebenen Energiekanäle verstopft oder gar verklebt. Natürlich muss man sich dies rein feinstofflich, also nicht physisch, vorstellen. Durch bestimmte Übungen, aber auch Entsagungen, kann man diese Kanäle wieder reinigen.

Eine hervorragende Unterstützung bietet das Kalachakra-

Mantra, dessen oftmalige und jahrelange Wiederholung die feinstofflichen Kanäle reinigt und reaktiviert. Da dieses Mantra in einigen buddhistischen Texten bereits der Allgemeinheit zugänglich gemacht wurde, habe ich mich nach anfänglichem Zögern entschlossen, es auch im vorliegenden Buch aufzuführen. – Sollte sich der eine oder andere Leser tiefer mit dem Kalachakra-Tantra beschäftigen wollen, so suche er sich am besten einen tibetischen Lama als Lehrer und bitte diesen um die erforderlichen Einweihungen und Ermächtigungen.

Hier nun das Mantra:

Om ah hum, ho ham ksha ma la va ra ya , hum pat.

Will man mit diesem Mantra ein energetisches Fundament aufbauen, sollte man es insgesamt 1.300.000mal in regelmäßiger und täglicher Übung rezitieren. Sie sehen, dass dies natürlich einige Jahre in Anspruch nehmen wird, je nachdem, ob Sie täglich zehn Minuten oder ein bis zwei Stunden üben. Die Zahl ergibt sich aus einer Regel, die besagt, dass jedes Mantra so oft multipliziert mit 1000 zu wiederholen sei, wie es Silben besitzt.

Diese lange Übungszeit bedeutet allerdings nicht, dass nicht schon vorher Erfolge beim Übenden verzeichnet werden könnten. Sicher konnte der eine oder andere Leser entsprechende Einweihungen und Praxis in zahlreichen Vorinkarnationen erfahren. In solchen Fällen kann es recht schnell zu interessanten Erfolgen kommen. Gerade deshalb möchte ich den Leser bitten, sich von dem abverlangten Fleiß nicht entmutigen zu lassen und stets jeden Tag sein Bestes zu geben. Er wird sich ganz sicher an den gewonnenen Früchten erfreuen dürfen.

Am Rande sei bemerkt, dass die tibetischen Silben *la va ra ya* für die vier Elemente stehen. »La« ist Erde, »va« ist Wasser, »ra« ist Feuer und »ya« ruft das Luftelement an. Somit fördert diese Mantra-Praxis auch das so wichtige Elementegleichgewicht: *Om ah hum, ho ham ksha ma la (Erde) va (Wasser) ra (Feuer) ya (Luft), hum pat.*

⇒ ÜBUNG: PORENATMUNG

Im Laufe meiner eigenen langjährigen Praxis bin ich dazu übergegangen, ganz gegen die üblichen tantrischen Anweisungen, die Mantra-Silben nicht nur zu sprechen, sondern regelrecht in meinen Körper und die Aura einzusaugen. Dies geschieht mittels der sogenannten Porenatmung. Dabei atmet man mit der Vorstellung ein, dass die Luft nicht nur durch die Nasenflügel in den Körper gelangt, sondern dass die gesamte Hautoberfläche wie eine große Lunge (was sie ja auch tatsächlich ist) ein- und ausatmet. Mittels dieser Technik ist man in der Lage, den Körper bis zum Gefühl der Explosionskraft mit jedweder Idee, Vorstellung oder Eigenschaft zu imprägnieren. In der Mantra-Praxis atmen Sie also die Silben des Mantras über die gesamte Körperoberfläche ein. Die Worte lassen sich mit dem Einatmen natürlich nur gedanklich aussprechen, da das laute Aussprechen ja ein Ausatmen erfordert. Wem es gelingt, Zugang zu diesem Mantra zu finden, der wird schon nach kurzer Übungszeit ein sich veränderndes Körpergefühl feststellen.

⇒ ÜBUNG: AUSDEHNUNG

Diese zweite Übung halte ich für besonders wertvoll, da sie wirklich in ein höheres Bewusstsein führt. Als mir persönlich diese Übung zum erstenmal gelungen war, flossen Farbspektren in mein Energiefeld, die auf dieser Erde völlig unbekannt und deshalb, auch für hellsichtige Beobachter, kaum zu beschreiben sind. Somit ist auch der erlangte Bewusstseinszustand an sich nicht zu beschreiben, weshalb ich jedem Leser wünsche, diese Erfahrung selbst erleben zu dürfen. Das praktische Resultat dieses Erlebnisses aber war für mich ein wesentlicher Unterschied in der Effektivität und Betrachtung aller spirituellen oder magischen Übungen und Praktiken, die ich in meinem Alltag anzuwenden pflege. Erst danach habe ich verstanden, weshalb das Kalachakra-Tantra als Religion des sagenumwobenen Königreichs Shambala bezeichnet wird. Dabei geht es nicht um die individuellen Bilder oder Gottheiten oder sonstigen sektiererischen Vorstellungen religiöser Art. Es geht um das Erreichen des sogenannten »ursprünglichen Zustandes«, das Verschmelzen mit seinem »wahren Wesen« und die damit verbundene Annahme seiner eigenen Gottheit. Wir erinnern uns an die Worte Jesu: »Ich und der Vater sind Eins!«. Das auf diese Art und Weise erweiterte Bewusstsein löste jede Konditionierung und Vorstellung, sowohl von mir selbst als auch meinen Mitmenschen, Situationen und Begebenheiten auf. Dieses »jenseits von jeder Vorstellung sein« ist der ursprüngliche Zustand, den jeder Dzogchen[6] oder Zen-Praktizierende zu erreichen bestrebt ist.

- *Setzen Sie sich bequem in eine Meditationshaltung. Vergessen Sie für diese Übung alles, was Sie unter Umständen über Yoga-Sitz (Asana) oder ähnliches wissen. Sicher ist es gut, mit geradem Rücken üben zu können. Doch wenn diese Haltung Anstrengung hervorrufen sollte, ist der Schaden erheblich größer als jeder mögliche Vorteil. Entspannen können Sie sich innerlich nur, wenn auch Ihr Körper entspannt ist.*
- *Atmen Sie ruhig ein und aus, und lassen Sie dabei die Augen halb geöffnet, auch der Mund sollte leicht geöffnet bleiben.*

6 tib. Dzogchen = Sanskrit: Ati-Yoga, die höchste Form des Yoga bzw. Tantra; der Praktizierende wird nach gewisser Vervollkommnung zum Dzogchenpa

- *Beginnen Sie mit dem Neunfachen Reinigungsatem, und sprechen Sie danach die Mantras der Elementereinigung.*
- *Versuchen Sie, Ihr inneres Mandala, den Zentralkanal und die beiden Nebenkanäle, zu visualisieren. Fühlen Sie die Kanäle, und seien Sie sich absolut sicher, dass diese tatsächlich in Ihrer Körpermitte vorhanden sind. Während Sie in Gedanken beginnen, das Kalachakra-Mantra viele Male zu rezitieren, sehen Sie die Kanäle, dann die vier Elemente, die wie Energiesäulen (eigentlich sind es Tore) aus Ihnen heraustreten.*
- *Sie dehnen sich in Ihrer Vorstellung aus. Weiterhin das Mantra in Gedanken kreisen lassend, fühlen Sie, dass Ihr innerer Zentralkanal nichts anderes ist, als die Achse zwischen dem Süd- und dem Nordpol der Erde. Sie sind selbst die Erdachse!*
- *Indem nacheinander die Elemente aus Ihnen hervor- bzw. heraustreten, aus Ihrem Rücken mit der Silbe »la« das Erdelement, aus Ihrer linken Seite mit der Silbe »va« das Wasserelement, aus Ihrer rechten Seite mit der Silbe »ra« das Feuerelement und schließlich aus Ihrer Körpervorderseite das Luftelement mit der Silbe »ya«; beginnen Sie damit, sich selbst als Erde zu fühlen. Sie sind der Erdball mit all seinen Elementen, mit all seinem Leben, Sterben und Tod. Zwischen Ihnen und allem Irdischen gibt es keinen Unterschied mehr.*
- *Die 24 Arme der Kalachakra-Gottheit symbolisieren die zwölf abnehmenden und die zwölf zunehmenden Halbmondphasen eines Monats. Stellen Sie sich vor, dass Sie sich als Erde ausdehnen und nun auch zum Mond werden. Dann lösen Sie die Vorstellung von Erde und Mond auf, indem Sie sich noch weiter ausdehnen. Jetzt sind Sie nur noch die Zeit, die der Mond anzuzeigen vermag (astrologisch zeigt der Mond die Stunde, die Sonne aber den Tag an).*
- *Sie dehnen sich nun weiter aus und nehmen die Sonne, ja das*

gesamte Universum ein, bis Sie sich im Akasha-Strom befinden. »Akasha« könnte man als die Substanz der göttlichen Vorsehung ansehen. Dehnen Sie sich nun noch weiter aus, sodass Sie sich mit Ihrem Bewusstsein auch aus dem Akasha heraus ins »Absolute Nichts« begeben.

- *Das Nichts, die Leere, ist nicht leer, denn Sie befinden sich ja darin, ja Sie sind die Leere selbst. Sie sind nun gleichzeitig im Nirvana und im Samsara*[7]*. Auf Ihren Körper können Sie von außen einfach »herabschauen«, ohne diesen aber verlassen zu haben, wie man das bei einer Astralreise tun würde. Sie haben sich gleichmäßig aus Ihrem Körper heraus in die Unendlichkeit ausgedehnt.*
- *Falls Sie diesen Zustand auch nur für eine Sekunde erreichen können, haben Sie an die höchste Bewusstseinspforte angeklopft, die zu erreichen einem Menschen wohl möglich ist. Es liegt nun an Ihnen selbst, wie oft Sie erneut in dieses hohe Bewusstsein eintauchen werden.*
- *Menschen, denen diese Erfahrung zur Gewohnheit wurde, beherrschen nach langen Übungsjahren tatsächlich auch die physischen Atomstrukturen und sind durchaus in der Lage, diese auch zu verändern.*

Zum Schluß der vorangegangenen Erklärungen möchte ich nochmals darauf hinweisen, dass diese Methode sowohl bei mir als auch bei einigen meiner Schüler wunderbare Erfolge brachte. Allerdings ist dies alles andere als eine klassische Methode im Sinne der alten tantrischen Überlieferungen. Ich bedanke mich aber bei den tibetischen Meistern, die mir die entsprechenden

7 Nirvana: die spirituelle Christus- oder Buddha-Ebene; Samsara: die Welt der Illusion

Übertragungen erteilten und jenen, die mich inspirierten, die Übung auf die beschriebene Art und Weise zu finden.

⇒ ÜBUNG: DER NEUNFACHE ATEM

- *Nehmen Sie eine bequeme Meditationshaltung mit möglichst geradem Rücken ein.*
- *Legen Sie Ihre Hände in den Schoß, die linke Hand über die rechte, die Handflächen nach oben hin geöffnet.*
- *Neigen Sie den Kopf etwas nach vorn, sodass auch die Halswirbelsäule gerade ist.*
- *Visualisieren Sie nun die drei Kanäle in Ihrem Körper. Der Zentralkanal ist blau, der rechte Nebenkanal ist bei Männern weiß, bei Frauen rot. Der linke Nebenkanal ist bei Männern rot und bei Frauen weiß.*

1. Übung für Männer:

- *Heben Sie die rechte Hand, wobei der Daumen auf das Wurzelgelenk des Ringfingers drückt. Schließen Sie das rechte Nasenloch durch leichten Druck mit dem Ringfinger, und atmen Sie durch das linke Nasenloch grünes Licht ein.*
- *Gehen Sie mit Ihrer rechten Hand wieder zurück, und drücken Sie auf gleiche Weise das linke Nasenloch mit dem linken Ringfinger zu.*
- *Atmen Sie nun aus dem rechten Nasenloch aus. Stellen Sie sich dabei hellblauen Rauch vor, der aus Ihrem Körper bzw. aus dem weißen Kanal austritt und alles Negative, Hindernisse und Krankheitsenergien männlicher Herkunft darstellt, die Sie jetzt beim Ausatmen verlassen.*
- *Diese Übung wird dreimal ausgeführt.*

1. Übung für Frauen:

- *Heben Sie die linke Hand, wobei der Daumen auf das Wurzelgelenk des Ringfingers drückt. Schließen Sie das linke Nasenloch durch leichten Druck mit dem Ringfinger, und atmen Sie durch das rechte Nasenloch grünes Licht ein.*
- *Gehen Sie mit Ihrer rechten Hand wieder zurück, und drücken Sie auf gleiche Weise das rechte Nasenloch mit dem rechten Ringfinger zu.*
- *Atmen Sie nun aus dem linken Nasenloch aus. Stellen Sie sich dabei hellblauen Rauch vor, der aus Ihrem Körper bzw. aus dem weißen Kanal austritt und alles Negative, Hindernisse und Krankheitsenergien männlicher Herkunft darstellt, die Sie jetzt beim Ausatmen verlassen.*
- *Diese Übung wird dreimal ausgeführt.*

2. Übung für Männer und Frauen:

- *Wiederholen Sie die Übung 1, indem Sie allerdings mit dem jeweils anderen Nasenloch beginnen. Also Männer rechts und Frauen links.*
- *Stellen Sie sich beim Ausatmen vor, wie aus dem roten Kanal rosafarbener Rauch ausgestoßen wird und mit ihm alle Hindernisse weiblicher Energie Ihren Körper verlassen.*

3. Übung für Männer und Frauen:

- *Legen Sie die linke Hand über die rechte Hand in Ihren Schoß.*
- *Atmen Sie heilendes und harmonisches Regenbogenlicht durch beide Nasenlöcher gleichzeitig ein.*
- *Visualisieren Sie, wie es durch die beiden Nebenkanäle bis nach unten, vier Finger breit unter dem Bauchnabel fließt und dort durch eine Einmündung in den Zentralkanal geführt wird.*
- *Beim Ausatmen lenken Sie das Regenbogenlicht durch das Innere des blauen Zentralkanals bis nach oben zur Scheitelöffnung (Fontanelle).*
- *Alles Negative, insbesondere durch negative Geistwesen verursachte Provokationen und Krankheitsprozesse, werden als schwarzer Rauch aus dem Zentralkanal und somit aus Ihrem Körper ausgestoßen.*
- *Beugen Sie bei den letzten drei Ausatmungen den Oberkörper jedes Mal nach vorne weg. Dabei darf die Stirn gegebenenfalls auch den Boden berühren.*

4. Übung für Männer und Frauen:

Nachdem Sie die neun Atemzüge durchgeführt haben, sprechen – oder noch besser: singen – Sie folgendes Mantra zur Elementereinigung:

- ***Akasha/Äther:***

Om ah hum, ae shutdi shudi a svaha
(reinigt von: Begierde; Farbe: Blau)

- ***Luft:***
  Om ah hum, yam shutdi shudi a svaha
  (reinigt von: Zorn/Hass; Farbe: Grün)

- ***Wasser:***
  Om ah hum, vam shutdi shudi a svaha
  (reinigt von: Unwissenheit; Farbe: Weiß)

- ***Erde:***
  Om ah hum, lam shutdi shudi a svaha
  (reinigt von: Stolz; Farbe: Gelb)

- ***Feuer:***
  Om ah hum, ram shutdi shudi a svaha
  (reinigt von: Argwohn; Farbe: Rot)

Die Chakras im bekannten Siebenersystem

Sanskrit	dt./anatom.	Keimsilbe	Lotosblätter
Muladhara Chakra	Wurzel-Chakra	LAM	4
Svadhistana Chakra	Kreuzbein-Chakra	VAM	6
Manipura Chakra	Nabel-Chakra	RAM	10
Anahata Chakra	Herz-Chakra	YAM	12
Vishuddi Chakra	Kehl(kopf)-Chakra	HAM	16
Ajna Chakra	Stirn-Chakra	OM	2
Sahasrara Chakra	Scheitel-Chakra	alle	1000

Kapitel 5

Das Dritte Auge

Aller Erfolg unseres spirituellen Bemühens liegt größtenteils im Entwicklungsgrad unseres Dritten Auges begründet. So kann es als Tor zum »Raum des Bewusstseins« und zu den »inneren Welten« verstanden werden.

In den meisten religiösen Traditionen wird der physische Körper des Menschen als Tempel bezeichnet, also als eine Art Hülle für den darin wohnenden Geist. Das Dritte Auge ist das Tor dieses Tempels, das dem Bewusstsein erlaubt, von einer Wirklichkeit (Dimension) in die anderen zu gelangen.

Damit man sich das Dritte Auge richtig vorstellen kann, ist es notwendig, dieses nicht als physisches Organ zu sehen, obwohl es natürlich in engem Zusammenhang zu der Hirnanhangs- und der Zirbeldrüse steht. Vielmehr ist es eine Art »Energieröhre«, die ausschließlich feinstofflich zwischen den Augenbrauen und der Medulla oblongata (dem Hinterkopf-Chakra) liegt.

Wird die Funktion dieser Röhre aktiviert, ist man in der Lage, den Wahrnehmungsfokus derart zu verändern, dass das Sehen, Hören, Riechen, Schmecken und Fühlen über die Welt der dritten Dimension hinausgelangt und die Realitäten der vierten, ja sogar fünften Dimension im Bewusstsein wachgerufen und mit dem Verstand zumindest teilweise übersetzt werden können. Sicher sind es nur wenige Menschen, die auch über die fünfte Dimension hinausgelangen. Die »Meisterebene«, von der schon die Theosophen zu berichten wussten, beginnt bei der sechsten und siebten Dimension und ist für den beschränkten Verstand des gewöhnlichen, noch nicht erwachten (uneingeweihten) Menschen nicht im geringsten vorstellbar.

Das höchste Yoga, das Ati-Yoga, vermittelt das Sehen der Realität höherer Dimensionen, indem der Yogi oder die Yogini nicht in die Anderswelt hineintaucht, sondern selbst zu dieser höheren Dimension wird und dabei die niedere Seinsebene einfach auflöst. Dies ist nur möglich, wenn man es vermag, sich nicht nur verstandesmäßig mit allem »eins zu fühlen«, sondern es tatsächlich ist. Voraussetzung für diesen Zustand ist die absolute Aufgabe, ja besser noch Auflösung des Ich-Gefühls, ohne dass man sich dabei aber wirklich aufgibt. Diesen scheinbaren Widerspruch vermag ich nicht zu erklären. Das Aha-Erlebnis ist denjenigen vorbehalten, die diesen Zustand des »Ausgedehntseins« aus eigener Kraft erreichen. Der Aurasichtige wird solche Menschen erkennen, denn ihre Farbstrahlung lässt sich mit den bekannten irdischen Farben nicht beschreiben.

Das Sehen mit dem Dritten Auge ist eine der höchsten Fertigkeiten des menschlichen Bewusstseins. Die verschiedenen Stufen des Sehens stehen für die unterschiedlich ausgeprägte Veranlagung, niedere Astralschichten bis hin zu höheren spirituellen Dimensionen erfassen zu können. Generell kann man davon ausgehen, dass der Übende ausschließlich diejenige Astralschicht wahrzunehmen, zu sehen, zu riechen, zu schmecken oder zu fühlen (etc.) in der Lage ist, die seinem eigenen Bewusstseinsstand entspricht.

Beim Gebrauch psychoaktiver Drogen werden sogenannte Astraltore zur Öffnung gezwungen, und gerade dort werden die »Probanden« in ihre eigene Astralebene regelrecht hineingesaugt. Oft wird als »Horrortrip« bezeichnet, was dem Drogenkonsumenten sein eigenes Ich und die zu ihm passende Sphäre vor Augen führt. Sind wir bereit dazu, unsere Entwicklung stetig und ohne Unterstützung durch Drogen zu fördern, braucht eine unerwünschte oder unangenehme Erfahrung beim »Sehen« nicht befürchtet zu werden.

Zu den häufigsten Fehlern und Missverständnissen von Anfängern, die das Hellsehen trainieren wollen, zählt die Erwartung, die geistige Wirklichkeit durch normales Sehen mit den physischen Augen wahrnehmen zu können. Diese oder ähnliche Erwartungshaltungen verschließen den Zugang zu den eigenen Wahrnehmungen. Gerade das Verstandesbewusstsein kann als »blind« bezeichnet werden, und es ist daher erforderlich, verstandesmäßige Erwartungen ganz aufzulösen und zu vermeiden. Eine alte Regel lautet deshalb:

Willst Du sehen – höre auf, hinzuschauen!

»Höre auf, hinzuschauen« bedeutet auch: Vermeide, gesehene oder gefühlte Wahrnehmungen mit dem Verstand zu analysieren. In der Kabbalah spricht man beispielsweise von dem sogenannten Binah- und Chochma-Bewusstsein. Darunter versteht man, dass das Bewusstsein zwischen den beiden Zuständen »Verstand« (Binah/Saturn) und »Weisheit« (Chochmah/Uranus) hin und her springt (siehe Bild übernächste Seite).

Der empfangsfähige Bewusstseinszustand entspricht also Chochmah, der zweiten Station des kabbalistischen Lebensbaums. Dort findet sich das Bewusstsein im Zustand des »Nichtdenkens«. Sobald das Erfahrene oder Erschaute mit dem Verstand analysiert wird, wechselt das Bewusstsein auf die Ebene des Saturns, im Lebensbaum Binah. Dort befindet sich das Bewusstsein im Zustand des Verstehens, des Begreifens der im »Nichtdenken« gefundenen Eindrücke. Wer sich mit der Kabbalah beschäftigt, begreift, dass der Verstand von sich aus keinerlei Wahrheit finden kann. Seine einzige Aufgabe besteht darin, Weisheit in Gedanken und Worte zu kleiden. Kurz gesagt: **Der Verstand ist nicht in der Lage, aus sich selbst heraus Wahrheit oder Wissen hervorzubringen.**

Die wohl größte Schwäche unserer kulturellen Prägung ist, dass dem Verstandesdenken ein ungerechtfertigtes Übermaß an Aufmerksamkeit gewidmet wird, wohingegen dem Unbewussten, der eigentlichen »Empfangseinheit«, oft nicht vertraut wird. **Die einzig wahre Aufgabe des Verstandes ist es, das Überleben zu sichern.**

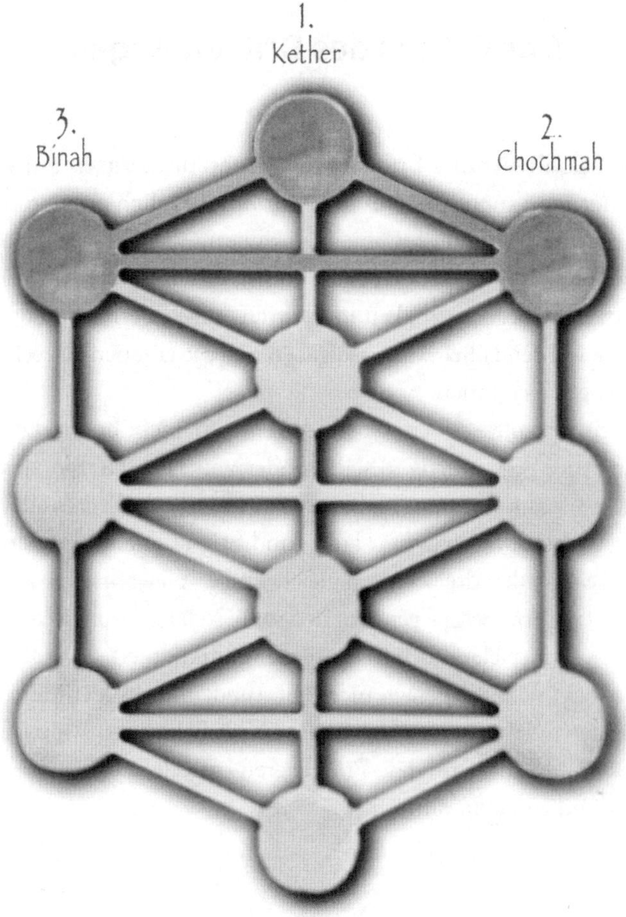

Die obere Triade des Lebensbaums

Das Öffnen des Dritten Auges

Den Schlüssel zum Erfolg beim Öffnen des Dritten Auges findet man nicht unbedingt, wenn man täglich eine große Anzahl bestimmter Übungen absolviert. Vielmehr liegt das Geheimnis des *Wahren Sehens* darin, eine gewisse Art von ständiger Gegenwärtigkeit im Dritten Auge zu erreichen und diese während aller Alltagsaufgaben und Situationen aufrechterhalten zu können.

Später sollte es dem Übenden gelingen, nicht nur im Dritten Auge gegenwärtig zu sein, sondern auch im Herzen, dem Herz-Chakra, und im Halszentrum, das als »Schnittstelle«, als Verbindung zwischen Herz- und Stirn-Chakra fungiert. Dieses in allen drei Zentren gleichzeitige »Gewahrsein« wird das *»Dreifache Sehen«* genannt und sollte so lange geübt werden, bis es ganz spielerisch, quasi von allein funktioniert. Das Üben erstreckt sich, wie gesagt, nicht auf stundenlanges Meditieren, sondern vielmehr auf oftmaliges »Sich-Erinnern« während des Alltags. So wird das »Praktizieren« mit der Zeit zu einem 24stündigen »Gewahrsein«.

KAPITEL 6

Das Zweite Gesicht

Unter der Gabe des »Zweiten Gesichts« verstand man lange Zeit das Hellsehen. Hellsehen bedeutet hier nicht nur das Sehen über Zeit und Raum – also in Vergangenheit, Gegenwart und Zukunft –, sondern auch das Sehen von Verstorbenen oder jedweder anderer physisch vorhandener oder nicht vorhandener Wesenheiten und Intelligenzen. Tatsächlich werden verschiedene Arten von Hellsicht unterschieden:

1. Die angeborene Hellsicht

Sie wurde dem Sichtigen schon in die Wiege gelegt. Man verlieh sie ihm entweder bereits in der unsichtbaren Welt, oder er brachte sie aus einem Vorleben mit, in dem er die Kunst des Sehens bereits beherrschte. Diese Fähigkeit ist besonders wertvoll. Sie kann sofort eingesetzt und genutzt werden, ohne dass es jahrelangen Trainings bedürfte. Häufig sind kleine Kinder bereits hellsichtig, verlieren ihre Fähigkeit allerdings zu Beginn der Pubertät wieder. Später wird diese Gabe oft verdrängt, da der richtige Umgang nicht erlernt wurde. Schließlich ist es auch nicht immer angenehm, die Auren und Schicksale der Menschen zu sehen, deren Besessenheit wahrzunehmen und dies alles womöglich auch zu riechen. Viele, die diese Gabe besitzen oder besaßen, mussten auch lange Zeit unter ihr leiden.

2. Die pathologische Hellsicht

Diese Art von Hellsicht tritt ganz plötzlich durch ein Verschieben des Elementegleichgewichts zutage. Dies kann u.a. durch Schlaganfälle, Nervenzusammenbrüche und ähnliche Erkrankungen auftreten. Derartiges Hellsehen ist natürlich unerwünscht, da es sich nicht um eine natürliche Entwicklung handelt, sondern um eine Störung, die zu gänzlichem körperlichen oder seelischen Zerfall führen kann.

3. Die durch mediale Kontakte mit Wesenheiten der unsichtbaren Welt ausgelöste Hellsicht

Diese Art von Hellsicht wird der selbstbewusst entwickelte Mensch gewöhnlich ablehnen. Sie tritt z.B. als Folge von spiritistischen Sitzungen in Form von Besessenheitszuständen auf, deren Opfer nicht selten vom Psychiater oder gar in einer Klinik behandelt werden müssen. In meiner nun langjährigen Erfahrung begegneten mir immer wieder Menschen, die gerade nach sogenannten »Geisterbeschwörungen« nahezu irreparable seelische und körperliche Störungen davontrugen. Neugierde ist nicht immer ein guter Ratgeber.

4. Die mittels Drogen herbeigeführte Hellsicht

Obwohl von vielen schamanischen Traditionen der Gebrauch von Opiaten, Peyotl, Haschisch, LSD oder verschiedenen Pilzen bekannt ist, wird der Praktiker in der Regel keinerlei Interesse an Drogen hegen. Der Genuss dieser Mittel wirkt sich oft nachteilig auf den Körper aus; schlimmer für die Entwicklung des Praktikers sind allerdings das Herabsinken der ethischen

Moral sowie eine deutliche Schwächung der Willenskraft. In den seltensten Fällen kann der Gebrauch derartiger Substanzen förderlich sein, meist jedoch führt er zur Gewöhnung und somit zu Abhängigkeit.

5. Die durch Schwächung des Sehnervs hervorgerufene Hellsicht

Eine weitere Art des Hellsehens tritt durch eine Schwächung des Sehnervs auf.

⇒ ÜBUNG ZUR ERWECKUNG DER HELLSICHT

Hellsehen steht in direktem Zusammenhang mit dem Lichtprinzip und entspricht unmittelbar dem Feuerelement und dem Willensprinzip. Ziel der nachfolgenden Übung ist es, Licht derart stark zu imaginieren, dass es nahezu sichtbar, jedenfalls aber fühlbar wird. Das so erlernte Beherrschen des Lichtprinzips führt direkt zur Fähigkeit der Hellsicht.

- *Nehmen Sie Ihre gewohnte Meditationshaltung ein.*
- *Beginnen Sie mit dem Reibungsatem in Kehle, Drittem Auge und Herz-Chakra, und werden Sie sich dieser Zentren bewusst.*
- *Stellen Sie sich nun das universelle Licht vor, das in seinem Glanz der Sonne ähnelt und das gesamte Universum durchdringt.*
- *Stellen Sie sich nun Ihren eigenen physischen Körper als Hohlraum vor, den Sie mittels der Atmung (Lungen- und Porenatmung) mit diesem Licht »auffüllen«. Mittels Ihres Willens und Ihrer Vorstellungskraft (Imagination) saugen Sie das Licht direkt aus dem Universum durch alle Körperporen in sich hinein.*
- *Mit jedem Atemzug wird das Licht in Ihrem Körper dichter*

und greifbarer.

- *Verbinden Sie das Licht mit der Eigenschaft des Hellsehens, indem Sie sich vorstellen, dass dieses Licht alles durchdringend, alles durchschauend und alles sehend ist. Weder Raum noch Zeit sind diesem (Ihrem) Licht ein Hindernis. Sie müssen von der Vorstellung und der Eigenschaft des Lichtes vollkommen überzeugt sein. Kein Körnchen des Zweifels darf in Ihnen aufkeimen.*
- *Sind Sie religiös, so stellen Sie sich vor, dass dieses Licht direktes göttliches Licht – etwa Christuslicht – ist. Falls Sie buddhistische Vorstellungen den christlichen vorziehen, so könnten Sie sich beispielsweise das Licht des Buddha Amitabha vorstellen; er ist Buddha des grenzenlosen Lichts und entspricht den gewünschten Eigenschaften in hohem Maße. Das Mantra für seine Anrufung lautet: Om Amideva Hri. Ich selbst bevorzuge die kabbalistischen Übungen. In diese Falle verbinde ich das Einsaugen des Lichts mit dem kabbalistischen Buchstaben Sch (siehe »Die hohe Kabbalah«).*
- *Fühlen Sie sich vollkommen von diesem universellen Licht ausgefüllt, und können Sie die Spannkraft des Lichts fühlen, dann verdichten Sie das Licht, indem Sie es Kraft Ihrer Vorstellung von den Füßen und den Händen gleichzeitig gegen Ihren Kopf »zusammenpressen«, bis es derart verdichtet ist, dass es Ihre Augen umfasst und durchdringt.*
- *Haben Sie die »Lichtstauung« in beiden Augen vorgenommen, stellen Sie sich vor, dass Ihre Augen alle vorgestellten Eigenschaften bereits besitzen (z.B. das Sehen über Zeit und Raum).*
- *Nachdem Sie die gewünschte Vorstellung mehrere Minuten aufrechterhalten haben und sich der Eigenschaft der Hellsicht felsenfest bewusst sind, lassen Sie das gestaute Licht wiede-*

rum mittels Ihrer Vorstellungskraft aus den Augen direkt ins Universum zurückfließen, wobei alle Eigenschaften im Auge verbleiben. (Falls Sie das gestaute Licht nicht zurückführen, werden Kopfschmerzen und andere unerwünschte Störungen eintreten.)

- *Nach ausdauerndem Üben und Wiederholen wird das so geschulte Auge in der Lage sein, wirklich »hellzusehen«. Man sollte diese Übung mindestens ein Jahr lang täglich durchführen, wenn man Erfolge erhoffen können will.*
- *Die Qualität der gesehenen Bilder hängt letzten Endes natürlich von der individuellen geistigen Reife, sprich der Reinheit des eigenen Wesens (der Größe der Seele und den aufgegebenen Anhaftungen und Leidenschaften) ab.*

Der Reibungsatem

Der Kehlkopf ist eines der besonders wichtigen Zentren, das für die Innere Wahrnehmung zuständig ist. Er stellt eine Art »Schnittstelle«, ein Tor, zwischen dem Dritten Auge und dem psychischen Herzen, dem Herz-Chakra, dar.

In den tibetischen Meditationstechniken und Tantras wird dem Hals-Chakra und dessen Reinigung und Erweckung eine zentrale Rolle zugeschrieben. Das Visualisieren und Intonieren eines weißen tibetischen A, das auf einem roten Lotos ruht und angestrahlt wird, ist eine Hauptpraxis des Traumyoga und des Astralreisens. Ebenso legt der Yogi des Patanshali[8] – Yienga – besonderen Wert und besondere Aufmerksamkeit auf das Ausatmen (Bastrika-Atmung) über den Kehlkopf.

⇒ ÜBUNG: REIBUNGSATEM

Wenn wir den Atem bewusst an unserem Kehlkopf zur Reibung bringen, beginnt dieser zu schwingen – gemeint ist eine Art leisen Schnarchens. Üben Sie diese Kehlkopfvibration einige Tage lang, bis Sie Ihnen mühelos gelingt. Wiederholen Sie die Übung dann auch weiterhin, wann immer Sie Zeit dazu finden, um die Technik zu perfektionieren. In einem nächsten Schritt versuchen Sie, die Vibration des Reibungsatems hinauf in Ihr Drittes Auge zu transportieren. Ist Ihnen dies gelungen, werden Sie auch dort ein angenehmes Vibrieren spüren. Durch dieses Harmonisieren von

8 Patanshali ist jene Wesenheit, die der Menschheit das indische Yoga brachte; Yogi Yienga gibt diese Lehre weiter.

Kehl-Chakra und Drittem Auge kann sich Ihre Wahrnehmung, z.B. das Sehen von Auras, deutlich verbessern. Denken Sie während Ihrer alltäglichen Verrichtungen immer wieder an diese Vibration zwischen Hals und Stirn, und Sie erreichen das »ständige Gewahrsein« im Dritten Auge.

Erst wenn Sie diesen zweifachen Reibungsatem einige Wochen lang geübt haben und ihn jederzeit erzeugen können (natürlich auch ohne dass es irgendjemandem auffällt), können Sie anfangen, den sogenannten **Dreifachen Reibungsatem** *zu erlernen.*

Üben Sie dazu erst das Vibrieren zwischen Hals-Chakra und Herz-Chakra, um diese beiden miteinander in Einklang und Resonanz zu bringen. Wenn Sie auch diesen Schritt ohne Schwierigkeiten beherrschen, bringen Sie alle drei Zentren (Drittes Auge, Hals und Herz) in diese verbindende Vibration und erzeugen so den Dreifachen Reibungsatem. Sicher werden Sie bald ein Ziehen oder ein leichtes Kribbeln in den einzelnen Chakras, vornehmlich auf der Stirn, feststellen können. Dies kann ein Anzeichen für die Öffnung Ihres Dritten Auges sein. Mit der Zeit werden Ihre Wahrnehmungen nun deutlicher werden. Wenn Sie sich diese Übung einmal zur Gewohnheit gemacht haben, werden Sie sicherlich nicht mehr darauf verzichten wollen.

Kapitel 7

Der Sigillenspiegel

Der sogenannte Siegel- oder Sigillenspiegel ist ein hervorragendes Medium, mit dem man Räume und Plätze unter den Einfluss einer Wesenheit, eines Engels, setzen kann. Es handelt sich dabei um ein Siegel, das als Bild hinter einer Glasscheibe (Bilderrahmen) einfach im Raum aufgehängt wird und von dort aus die Raumatmosphäre verändert. Man könnte diesen Spiegel als eine Art Scheinwerfer betrachten.

Es gibt zahlreiche praktische Anwendungsmöglichkeiten für einen solchen Spiegel: Nehmen Sie einmal an, dass Sie ein bestimmtes Talent oder eine Fähigkeit erlernen wollen. In diesem Falle würden Sie sich wahrscheinlich einen Genius der Erdgürtelzone (Franz Bardon: »Die Praxis der magischen Evokation«) auswählen, der befähigt ist, genau dieses gewünschte Talent zu fördern. Der Spiegel könnte dann so gegenüber dem Meditationsplatz aufgehängt werden, dass Sie während Ihrer Meditationen direkt von ihm bestrahlt werden. Oder wenn Sie beispielsweise das astrale oder mentale Wandern üben wollen, dann wäre ein entsprechend präparierter Spiegel im Schlafzimmer anzubringen, sodass Sie während des Schlafes im Einfluss jener Wesenheiten stünden, die diese Art von Bewusstseinsversetzungen beherrschen. Im Geschäftsleben wäre ein Spiegel z.B. im Büro anzubringen, der in Verbindung mit einer Wesenheit steht, die Ihre Ziele unterstützt.

Ein wahrer Segen kann diese Art von Magischem Spiegel sein, wenn Sie sich mit der Behandlung von Krankheiten beschäftigen (Geistheilung ist in Deutschland verboten, es sei denn, man ist Arzt oder Heilpraktiker – dem Arzt verbietet allerdings sein Standesrecht, geistig zu heilen). In diesem Falle würden jene Genien und Engel herangezogen, die, je nach Leiden, die beste Hilfe versprechen. Ein Heilpraktiker oder Arzt könnte z.B. sein Wartezimmer von einem derartigen Heilspiegel bestrahlen lassen, der mit der Wunschimprägnierung aufgeladen wurde, sodass jeder, der diesen Raum betritt, automatisch vitalisiert wird, Krankheiten sich auflösen usw.

Bauanleitung für einen Sigillenspiegel

Es folgt eine Bauanleitung für einen solchen Spiegel, der, wie zuvor schon erwähnt, aus einfachem Bilderrahmenglas konstruiert wird. Die Idee stammt von einem Freund, der wirklich erstaunliche Ergebnisse mit einem Siegelspiegel erzielen konnte. Ein noch besserer Effekt der Abstrahlung wird erreicht, wenn man anstatt einer flachen Scheibe ein Hohlglas (Uhrenglas) verwendet. Der Nachteil des Hohlspiegels ist lediglich seine Auffälligkeit.

Zur Herstellung des Sigillenspiegels werden benötigt:

- Ein Pinsel und Malfarben, wie sie in jedem Künstlerbedarfsgeschäft zu finden sind (Acryl- oder Ölfarbe)
- Helles farbiges Fließpapier, und zwar am besten jenes, welches der Farbe des Tierkreiszeichens des Genius bzw. Engels entspricht (siehe: »Die hohe Kabbalah«). Bei der Waage z.B. nimmt man Papier und Malfarben in hellen Grüntönen.

- Außerdem benötigt man noch einen handelsüblichen Bilderrahmen mit Glasscheibe, eventuell etwas echten Bienenhonig (natürlich keinen aus der Plastikflasche!) und einen flüssigen Universalkondensator (zusammengesetzt).

Die Herstellung

1. Das Papier, der Pinsel sowie der Bilderrahmen und das Glas werden energetisch gut gereinigt. Vorteilhaft ist es, auch zusätzlich alle Utensilien auszuräuchern. Hierfür eignen sich z.B. Weihrauch, Myrrhe (oder ein Gemisch aus beidem) oder weißer Salbei.
2. Das Fließpapier wird so zugeschnitten, dass es später genau in den Bilderrahmen bzw. auf die Rückwand des Rahmens passt und diesen ausfüllt. Auch schneidet man sich jetzt zusätzlich aus dem Fließpapier eine große runde Plakette zurecht, die dann später in die Mitte des ersten Papiers aufgelegt bzw. aufgeklebt wird.
3. Das Papier und die Plakette werden beide vorn und hinten mit dem universalen Kondensator getränkt bzw. mit einem Wattepad oder Ähnlichem bestrichen. Beides lässt man hernach gut trocknen.
4. Nun legt man sich etwas von der vorbereiteten Farbe auf einer geeigneten Unterlage zurecht und gibt entweder drei Tropfen des Kondensators hinein oder im Notfall eine kleine Menge echten flüssigen Bienenhonigs, welcher sich ebenfalls als Kondensator eignet. Nun wird die Farbe mit dem Pinsel gut durchgemischt. Man kann sich dabei vorstellen, dass der Honig, insbesondere die drei Tropfen des Kondensators, die Farbe, und somit auch später den fertigen Spiegel, so ladefähig und kraftvoll machen, dass dieser mit

seiner Strahlkraft alle drei Ebenen (Mental-, Astral- und grobstoffliche Ebene) durchdringt und sein Einfluss überall dort zur Geltung kommt, wo man es wünscht.

5. Mit dieser festen inneren Einstellung zeichnet man jetzt mit der Farbe das Siegelzeichen des ausgewählten Vorstehers (z.B. Paguldez – siehe Kapitel »Die magische Evokation« und »Das Ritual der Hermetischen Vier«) groß auf die runde Plakette. Dabei setzt man gleichzeitig die betreffenden Eigenschaften sowie den Einfluss des Vorstehers/Engels imaginativ in die Plakette hinein. Auch konzentriert man sich darauf, dass der Vorsteher seinen Einfluss auf die Plakette und sein Siegel überträgt und aktiviert.
6. Nun klebt man (mit wenig Klebstoff!) die runde Plakette genau in die Mitte des vorher zurechtgeschnittenen Papiers und legt es dann in den Rahmen ein, bzw. befestigt es auf der Rückwand des Bilderrahmens.
7. Auch das Abdeckglas des Bilderrahmens wird zuerst von einer Seite mit dem Kondensator bestrichen. Danach lässt man das Werk trocknen. Nun wird das Glas mit der bestrichenen Seite (auf das Siegel zeigend) in den Rahmen eingesetzt. Abschließend bestreicht man das Glas auch auf der Vorderseite mit dem flüssigen Kondensator und lässt es gleichfalls trocknen. Zwar könnte man direkt beide Seiten zugleich bestreichen, doch beim Plazieren und Befestigen der Scheibe würde man den Kondensator dann möglicherweise verwischen.

Der Spiegel ist jetzt fertig und muss nur noch mit einer dem Wirkungsbereich, dem Einfluss und der Aufgabe des Engels analogen Ladung versehen werden. Bei der Arbeit mit Siegeln ist es jedoch möglich und auch zu beachten, dass es zwei anwendbare Vorgehensweisen gibt: Man kann nur mit einem Siegel und den analogen Energien arbeiten, also die Energien eines Siegels teilweise nutzen, ohne sich direkt mit dem betreffenden Wesen zu verbinden. Alternativ arbeitet man mit dem Siegel bewusst dergestalt, dass die Wirkung und die Energien von dem betreffenden Wesen direkt ausgeführt werden.

Ein Beispiel

Wenn man die Energien eines Wesens erfahren möchte, versetzt man sich in einen entspannten, meditativen Zustand und zeichnet (bzw. visualisiert) das zu dem Wesen gehörende Siegel z.B. groß in die Mitte des Zimmers, in dem man sich befindet. Bei der Visualisierung legt man imaginativ auch die dem Wesen entsprechende Wirkung in das Siegel hinein. So legt man während des imaginativen Zeichnens eines Heilengelsiegels natürlich die Ideen Heilung, Heilkraft, Vitalität, Gesundheit usw. hinein. Auf diese Weise ist es möglich, die betreffende Energie zu »erforschen« und zu »erfahren«, ohne dass man einen direkten Kontakt mit dem Engel aufgebaut haben muss; in Einzelfällen kann dennoch ein Kontakt zustandekommen.

Je nach Bedarf kann man das zuvor Beschriebene bei der Spiegelladung berücksichtigen, indem man beispielsweise in die Ladung die Idee verlegt, dass allein die Wirkung und Analogie des Siegelzeichens, die auf den Spiegel projizierte Energie sozusagen imprägniert, und in den Arbeitsraum zurückwirft. Die so projizierte Energie wirkt auf das Siegel wie ein Katalysator; es entfaltet dann im Arbeitsraum seine Wirkung auf feinstofflicher Ebene und erzeugt eine geistvolle Atmosphäre.

Gerade bei sogenannten Raumimprägnierungen sollte man sich auf die Vorstellung konzentrieren, dass der gewünschte Einfluss bereits voll wirksam ist, sich von Tag zu Tag verstärkt und alle Ebenen durchdringt. Auch der Raum-Zeit-Begriff darf natürlich nicht vergessen werden. Alle Ladungsmöglichkeiten sollten am besten in einem leicht meditativen Zustand der inneren Ruhe und Zufriedenheit stattfinden.

Die Ladung kann vorgenommen werden mit:

1. Lichtkraftstauung
2. Lebenskraftstauung
3. Bannung des Elektrischen Fluids
4. Bannung des Magnetischen Fluids
5. Bannung des Elektromagnetischen Fluids
6. Aktivierung durch Aktive oder Passive Evokation

Ein richtiger Sigillenspiegel, egal mit welcher Kraft er geladen ist, ist im Grunde genommen nichts anderes als eine Mischung aus Magischem Spiegel und Talisman. Anders gesagt: Er ist ein großes Amulett mit den projizierenden Eigenschaften eines Magischen Spiegels.

Kapitel 8

Blicktechnik

Um erfolgreich mit einem Spiegel oder einer Kristallkugel schauen zu können, ist es erst einmal erforderlich, die gewohnte und natürliche Augenstellung zu verändern. Viele Menschen, die beispielsweise von Geburt an aura- oder hellsichtig sind, haben eine angeborene Fehlstellung der Augen. Ihr Blickwinkel entspricht nicht dem gewöhnlichen Fokus und ermöglicht es, nicht nur die dritte, sondern auch die vierte Dimension, das Astrale, sehen zu können. An diesem Beispiel wird deutlich, dass es sich beim wahren Sehen nicht um Spiegelungen des Unbewussten, sondern um reales Sehen einer anderen Dimensionsrealität handelt. Allerdings: Wer kein dreidimensionales Sehen fertigbringt, kann auch nicht vierdimensional sehen – also niemals Hellsehen, Aurasehen usw. – leider.

Anders ist es wiederum, wenn der Übende keine Klarbilder, sondern Symbole zu Gesicht bekommt. Diese Symbole sind dann meist Spiegelungen des Unterbewusstseins, die Vergangenes, Gegenwärtiges oder Zukünftiges an unseren Verstand senden. Ist man in der Lage, die Bildersprache seines Unterbewusstseins zu lesen[9], sind die so empfangenen Ein-

9 Zur Deutung der Träume und im Spiegel wahrgenommener Symbole eignen sich Traum- und Symbolbücher, welche im Handel zahlreich zur Verfügung stehen. Generell ist jedoch zu empfehlen, die Bildsprache des individuellen Unterbewusstseins zu erlernen, da diese von den allgemeingültigen Symbolen erheblich abweichen kann. Fehlinterpretationen wären dann die Folge.

drücke genauso wertvoll und dienlich und sollten unbedingt beachtet werden. Hilfreich kann ein Tagebuch sein, in welches man alle Symbole, auch die geträumten, einträgt. Mit der Zeit versteht der Übende dann die Sprach- und Bilderwelt seines Unterbewusstseins; Fehldeutungen werden weitestgehend ausgeschlossen.

Oft sind es auch jenseitige Wesen und Intelligenzen, die sich durch eine Bildsprache bemerkbar machen. Sie pflegen oft eine andere Verständigungsart als jene, die unserem Verstand entspricht.

Wir wollen nun mit verschiedenen Techniken unsere gewohnte Augenstellung überlisten, um den Fokus zu verändern. Sicherlich kennen Sie die sogenannten »Magic-Eye-Bilder«, die aus einem Wirrwarr von Farbpunkten bestehen. Bei verändertem Blick verwandeln diese sich dann aber in wunderbare, dreidimensionale Bilder. Genau dies ist der Vorgang, den wir uns bei der Spiegelschau wünschen.

Es haben sich die verschiedensten Blicktechniken herausgebildet, mit denen man erfolgreich sehen kann. Leider gibt es jedoch keine Grundregel, die bei jedem Menschen gleichermaßen gut funktioniert. So bleibt es dem Praktiker selbst überlassen, die einzelnen vorgestellten Techniken für sich auszuprobieren, wonach er sich dann langfristig für die individuell beste entscheiden kann.

Für alle Blicktechniken gilt:

- Üben Sie alle Blicktechniken zuerst einmal ohne Spiegel oder Kristallkugel, bis Sie Ihren Blickfokus jederzeit und überall willentlich verändern können.
- Senken Sie die Augenlider leicht, und entspannen Sie sich.

- Beginnen Sie mit dem Reibungsatmen in Kehlkopf und Drittem Auge, und verbinden Sie die Vibration mit Ihrem Herz-Chakra wie im Kapitel über das Öffnen des Dritten Auges beschrieben.
- Betrachten Sie nun mit der jeweiligen Technik das Übungsobjekt.
- Blinzeln Sie möglichst nicht, und ignorieren Sie eventuellen Tränenfluss. Die Augen gewöhnen sich mit der Zeit an das Nichtblinzeln und werden abgehärtet.
- Wird die Übung zu anstrengend, brechen Sie diese bitte ab und entspannen Sie sich, bevor Sie erneut Versuche starten.

⇒ ÜBUNG: DAS STARREN

- *Setzen Sie sich bequem und entspannt auf Ihren Stuhl, oder nehmen Sie ein Yoga-Asana ein.*
- *Versetzen Sie Ihr Bewusstsein mittels Reibungsatem ins Dritte Auge.*
- *Fixieren Sie nun einen beliebigen Gegenstand, der sich im Raum vor Ihnen etwa in Augenhöhe befindet und ohne Anstrengung mit leicht gesenkten Augenlidern mit Ihrem Blick erfasst werden kann. Sie können sich beispielsweise einen kleinen Papierstreifen mit Bindfaden und Reißnagel an die Decke heften, sodass der Papierstreifen angenehm in Höhe und Abstand quasi vor Ihnen schwebt. Es ist auch möglich, einen Gegenstand zu fixieren, der beispielsweise auf dem Schrank oder an Ihrem Arbeitsplatz auf dem PC-Monitor steht.*
- *Beginnen Sie anfangs mit einer Übungsdauer von ein bis zwei Minuten.*
- *Üben sie mehrmals am Tag.*

- *Steigern Sie die Übungsdauer, bis Sie Ihren Übungsgegenstand ohne Anstrengung zwanzig Minuten lang fixieren können.*

⇒ Übung: Der 180-Grad- oder periphere Blick

- *Nehmen Sie eine bequeme Sitzhaltung oder Ihr gewohntes Asana ein.*
- *Strecken Sie die Arme waagrecht in Augenhöhe nach vorne, ballen Sie die Fäuste, und strecken Sie die Daumen nach oben weg.*
- *Fixieren Sie nun beide Daumen.*
- *Bewegen Sie nun die Arme gleichzeitig seitlich auseinander und nach hinten. Stoppen Sie mit der Bewegung erst dann, wenn Sie den Punkt erreicht haben, bei dem Sie beide Daumen noch gleichzeitig in Ihrem rechten bzw. linken Augenwinkel sehen können. Sie üben also eine Art von Weitwinkelblick, deshalb auch die Bezeichnung: 180-Grad-Blick.*

⇒ Übung: Der verlagerte Blick

Sie kennen sicher Situationen, in denen man unbewusst durch jemanden hindurchschaut. Es wird eine Person oder ein Gegenstand betrachtet, wobei die Person oder der Gegenstand aber unscharf gesehen werden, der eigene Blickfokus also irgendwo hinter dem »unscharfen« Objekt liegt. Derlei ist relativ einfach zu üben. Doch nun versuchen Sie bitte, Ihren Fokus einige Zentimeter vor das Betrachtungsobjekt zu stellen. Diese Blicktechnik ist besonders für die Spiegelarbeit nützlich, da die vom Spiegel reflektierten Bilder ja nicht im Spiegel, sondern leicht darüber entstehen und zu sehen sind. Üben Sie wie folgt:

- *Betrachten Sie einen Gegenstand in Augenhöhe, der sich etwa fünfzig bis sechzig Zentimeter von Ihnen entfernt befindet.*

- *Beginnen Sie mit der Reibungsatmung wie bereits im Abschnitt »Öffnen des Dritten Auges« beschrieben.*
- *Heben Sie Ihren Zeigefinger oder ausgestreckten Daumen so, dass er sich auf einer gedachten Geraden zwischen dem Betrachtungsobjekt und ihren Augen befindet.*
- *Fokussieren Sie nun im Wechsel das Objekt und Ihren Finger, so dass beide abwechselnd scharf bzw. unscharf gesehen werden.*
- *Verzichten Sie nach einiger Übungszeit auf den Finger als Hilfsmittel. Versuchen Sie jedoch, sich die vorherige Stellung des Fingers imaginär zu merken. Wechseln Sie nun abermals mit Ihrem Fokus hin und her, also zwischen Betrachtungsobjekt und der Stelle in der Luft, an der sich zuvor der Finger befunden hat. So lernen Sie, eine Stelle im Raum zu betrachten, ohne dem Verstand eine direkte Gedächtnisstütze zum »Festhalten« zu liefern. Genau diese Art von Blick eignet sich besonders gut, um den »Raum« über unserem Magischen Spiegel beobachten zu können.*

⇒ ÜBUNG: BETRACHTEN DER HÄNDE

In seinen Büchern »Die Prophezeiungen von Celestine« machte James Redfield eine sehr einfache, aber wirkungsvolle Übung bekannt, die dazu geeignet ist, das Sehen der Aura zu trainieren. Ich werde diese nun in etwas abgewandelter Form vorstellen.

- *Reiben Sie Ihre Handflächen einige Male zusammen. Durch die Reibung werden die Handflächen aufgeladen, was ein Sehen der Hand-Aura erleichtert.*
- *Legen Sie beide Hände auf ein weißes Stück Papier, sodass sich die Fingerspitzen in einem Abstand von etwa zwei bis drei Zentimetern gegenüberliegen.*

- *Beginnen Sie mit dem Reibungsatem, und werden Sie sich Ihres Dritten Auges bewusst.*
- *Stellen Sie nun Ihren Fokus auf unscharf, und betrachten Sie den Raum zwischen Ihren Fingern, indem Sie quasi »ins Leere« schauen.*
- *Vergrößern Sie den Abstand ihrer Fingerspitzen zueinander zunächst auf bis zu zehn Zentimeter Distanz, und bringen Sie die Finger dann wieder nahe zusammen.*
- *Nach einiger Zeit werden Sie zuerst weiße, später aber vielleicht sogar farbige Lichtfäden, einem hellen Schatten ähnlich, sehen. Gratuliere, das ist die Aura.*
- *Verändern Sie nun die Übung, indem Sie statt der Finger die Handflächen einander gegenüber halten und den Leerraum zwischen Ihren Händen betrachten.*
- *Wenn Ihnen diese Übung gut gelungen ist, werden Sie bald an allen Gegenständen und an Pflanzen, Tieren und Menschen Auren sehen.*

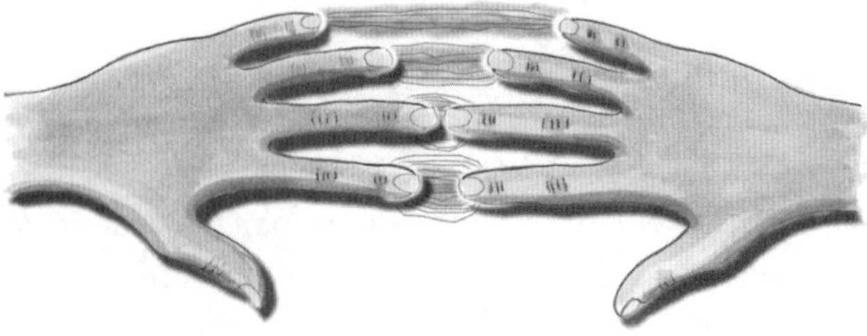

⇒ ÜBUNG: SEHÜBUNG AN BÄUMEN

- *Betrachten Sie die Umrisse eines Baumes. Noch besser geeignet sind die Baumkronen eines Waldes.*
- *Beginnen Sie mit dem Reibungsatem, und werden Sie sich Ihres Dritten Auges bewusst.*
- *Verbinden Sie Kehle, Drittes Auge und Herz-Chakra auf gewohnte Weise miteinander.*
- *Stellen Sie nun Ihren Fokus auf »unscharf«.*
- *Sie werden nun beobachten, dass über den Bäumen eine Art weißer Lichtnebel entsteht. Sie sehen die Lebenskraft und Aura der Bäume.*

⇒ ÜBUNG: KONZENTRATION AUF DEN PUNKT

- *Beginnen Sie wieder mit dem Reibungsatem.*
- *Betrachten Sie die Zeichnung unten (Kreis mit Punkt) mit den oben beschriebenen und unterschiedlichen Blicktechniken und lassen Sie den Punkt in der Mitte des Kreises unscharf werden und verschwinden (decken Sie dazu den Rest der Seite ab).*
- *Wiederholen Sie die Übung öfter mit einem einfachen Tintenklecks auf einem weißen Blatt Papier.*

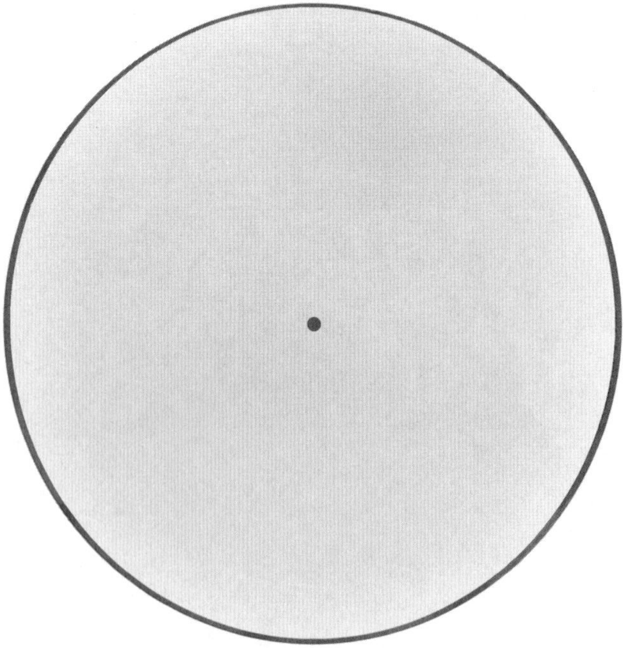

⇒ ÜBUNG: DAS EIGENE BILD

- *Setzen Sie sich vor einen gewöhnlichen Wandspiegel und betrachten Sie Ihr eigenes Spiegelbild.*
- *Beginnen Sie mit dem Reibungsatem.*
- *Richten Sie Ihre Augen entsprechend den unterschiedlichen, bereits beschriebenen Blicktechniken auf Ihr Spiegelbild.*
- *Lassen Sie Ihr Spiegelbild unscharf werden, bis es ganz verschwindet.*
- *Möglicherweise sehen Sie, wie sich Ihr eigenes Gesicht verzerrt und total verändert. Erschrecken Sie nicht: Sie beginnen, Ihre eigenen Teilpersönlichkeiten zu sehen, die Ihnen Ihr Unterbewusstsein zeigt. Unter Umständen sehen Sie Ihr Gesicht, wie es einmal in vorherigen Inkarnationen ausgesehen hat.*
  Machen Sie diese Übung mal bekleidet, mal nackt. Betrachten Sie dabei nicht nur Ihr Gesicht, sondern auch Ihren gesamten Körper, der sich in der Spiegelung ebenfalls verändern wird.
- *Wenn es Ihnen gelungen ist, dass Ihr eigenes Spiegelbild sich komplett aufgelöst hat und sich Nebel zeigt, stehen Sie praktisch vor dem Übergang in die Astralsphäre.*
- *Wenn Sie hierin einige Übung und jede Furcht verloren haben, machen Sie diese Übung, nachdem Sie ihren Wandspiegel zuvor mit einem flüssigen Kondensator bestrichen haben. Experimentieren Sie mit verschiedenen Aufladungen des Spiegels. Beginnen Sie mit Lichtkraftstauungen und anschließend mit Übungen, in denen Sie zuvor Akasha auf die Spiegeloberfläche geladen haben.*

Kapitel 9

Der Schutzengelspiegel

Mit Hilfe eines Schutzengelspiegels ist es möglich, einen direkten Kontakt mit dem eigenen Schutzengel oder anderen höheren Wesenheiten herzustellen und mit ihnen zu kommunizieren. Der wesentliche Unterschied zwischen diesem speziellen Spiegel und den allgemein bekannten ist, dass die Oberfläche (Glasrückseite) nicht schwarz sondern dunkelviolett gefärbt wird. Eine weitere Besonderheit dieses Spiegels sind vier große Amethystspitzen, die in Quadratform um den runden Spiegel herum angebracht werden. Diese Amethystkristalle stehen für die vier Himmelsrichtungen und wirken als Energiegenerator und Energiefilter. Aus diesem Grund ist der Schutzengelspiegel ausschließlich für die Anrufung höherstehender Wesen, sprich Engel, geeignet. Für die Anrufung von beispielsweise Natur- und Elementewesen sollte ein solcher Spiegel nicht verwendet werden.

Engelsspiegel

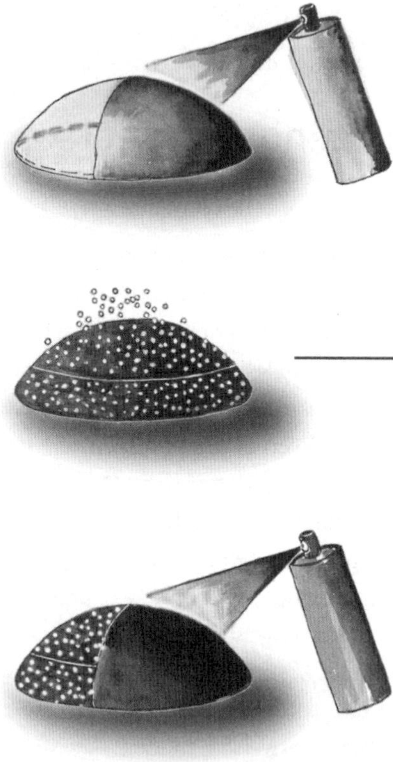

Goldstaub

Silberstaub

Kondensat auftragen

Elementeweihe

Die Größe des Spiegels beträgt mindestens 15 bis 20 Zentimeter im Durchmesser. Nachdem Sie den Spiegel angefertigt haben, sollte er mit reinem Olibanum-Harz (Weihrauch) geräuchert und anschließend in ein violettes Seidentuch eingewickelt werden. Bevor Sie Ihren neuen Schutzengelspiegel das erste Mal in Gebrauch nehmen, wird er nach folgendem Ritual magisch präpariert:

- Legen Sie Ihren Spiegel vor sich auf das violette Tuch.
- Legen Sie etwas Salz in den Spiegel, und sprechen Sie:

Im Namen und mit der Kraft des großen Erzengels Uriel weihe ich dich dem Element Erde.

Entfernen Sie nun das Salz, und besprengen Sie den Spiegel leicht mit etwas Quellwasser (oder Mineralwasser). Dann sprechen Sie:

Im Namen und mit der Kraft des großen Erzengels Gabriel weihe ich dich dem Element Wasser.

Entzünden Sie nun eine rote Kerze, sie symbolisiert das Feuerelement. Halten Sie sie über Ihren Spiegel, und sprechen Sie:

Im Namen und mit der Kraft des großen Erzengels Michael weihe ich dich dem Element Feuer und dem Licht.

Entzünden Sie jetzt den reinen Weihrauch, den Sie zuvor in einem Räuchergefäß mit Räucherkohle vorbereitet haben.

Halten Sie Ihren Spiegel – und vor allem die Spiegelfläche – in den Rauch, und sprechen Sie:

Im Namen und mit der Kraft des großen Erzengels Raphael weihe ich dich dem Element Luft und dem Geiste.

Nun ist die Elementeweihe Ihres neuen Schutzengelspiegels erfolgreich abgeschlossen. Wenn Sie wollen, können Sie den Spiegel noch eine Weile vor sich liegen lassen, bevor Sie ihn am besten mit einem weichen Tuch vorsichtig abreiben (um Wasserflecken vorzubeugen) und dann wieder in Ihr violettes Tuch einwickeln.

Der Spiegel darf jetzt von niemandem mehr berührt werden. Lassen Sie auch niemanden in den Spiegel hineinschauen, denn er ist jetzt IHR Seelentor in die geistigen Welten.

⇒ ÜBUNG: KONTAKTAUFNAHME MIT DEM EIGENEN SCHUTZENGEL

Wenn Sie versuchen möchten, sich mithilfe Ihres Magischen Spiegels mit Ihrem persönlichen Schutzengel zu verbinden, gehen Sie bitte folgendermaßen vor:

- *Wählen Sie den richtigen Zeitpunkt für Ihre Spiegeloperation (siehe folgende Tabellen). Ein geübter Praktiker ist natürlich zu jeder Zeit und an jedem Ort in der Lage, seine Anrufungen durchzuführen. Trotzdem empfehle ich die Beachtung der traditionellen Zeiten, da diese anfangs eine Kontaktaufnahme wesentlich erleichtern.*
- *Arbeiten Sie mit diesem Spiegel am besten während der zunehmenden Mondphase, da dann die magnetischen Kräfte auf Ihren Spiegel und Ihre eigene Medialität am stärksten wirken. Den individuell richtigen Zeitpunkt ermitteln Sie anhand ihres*

eigenen astrologischen Sternzeichens. Sind Sie z.B. ein im Zeichen des Krebses Geborener, so würden Sie Ihr Vorhaben an einem Montag, am besten auch zur Mondstunde beginnen (siehe Tabelle).

Tabelle zur Ermittlung des Tages

Wochentag	**Planet**	**Engel**	**Tierkreiszeichen**
Sonntag	Sonne	Michael	Löwe
Montag	Mond	Gabriel	Krebs
Dienstag	Mars	Camael	Widder und Skorpion
Mittwoch	Merkur	Raphael	Jungfrau und Zwillinge
Donnerstag	Jupiter	Sadkiel	Schütze und Fische
Freitag	Venus	Anael	Stier und Waage
Samstag	Saturn	Cassiel	Steinbock und Wassermann

- *Wenn Sie nun »Ihre« Zeit ermittelt und sich entschlossen haben, mit der Übung zu beginnen, ziehen Sie sich am besten weiße Kleidung an. Räuchern Sie das Zimmer, in dem Sie Ihre Arbeit durchführen wollen, mit Weihrauch. Achten Sie überdies darauf, dass sie die folgende Stunde nicht durch Telefon, Familienmitglieder oder anderes gestört werden können. Vorteilhaft ist es, barfüßig oder in Hausschuhen zu arbeiten, die Sie nur für rituelle Zwecke zu tragen pflegen. Straßenschuhe sollten generell vermieden werden.*

Tabelle zur Ermittlung der Tagesstunden

Stunde	Samstag	Sonntag	Montag	Dienstag	Mittwoch	Donnerstag	Freitag
1	Saturn	Sonne	Mond	Mars	Merkur	Jupiter	Venus
2	Jupiter	Venus	Saturn	Sonne	Mond	Mars	Merkur
3	Mars	Merkur	Jupiter	Venus	Saturn	Sonne	Mond
4	Sonne	Mond	Mars	Merkur	Jupiter	Venus	Saturn
5	Venus	Saturn	Sonne	Mond	Mars	Merkur	Jupiter
6	Merkur	Jupiter	Mond	Saturn	Sonne	Mond	Mars
7	Mond	Mars	Merkur	Jupiter	Venus	Saturn	Sonne
8	Saturn	Sonne	Mond	Mars	Merkur	Jupiter	Venus
9	Jupiter	Venus	Saturn	Sonne	Mond	Mars	Merkur
10	Mars	Merkur	Jupiter	Venus	Saturn	Sonne	Mond
11	Sonne	Mond	Mars	Merkur	Jupiter	Venus	Saturn
12	Venus	Saturn	Sonne	Mond	Mars	Merkur	Jupiter
13	Merkur	Jupiter	Venus	Saturn	Sonne	Mond	Mars
14	Mond	Mars	Merkur	Jupiter	Venus	Saturn	Sonne
15	Saturn	Sonne	Mond	Mars	Merkur	Jupiter	Venus
16	Jupiter	Venus	Saturn	Sonne	Mond	Mars	Merkur
17	Mars	Merkur	Jupiter	Venus	Saturn	Sonne	Mond
18	Sonne	Mond	Mars	Merkur	Jupiter	Venus	Saturn
19	Venus	Saturn	Sonne	Mond	Mars	Merkur	Jupiter
20	Merkur	Jupiter	Venus	Saturn	Sonne	Mond	Mars
21	Mond	Mars	Merkur	Jupiter	Venus	Saturn	Sonne
22	Saturn	Sonne	Mond	Mars	Merkur	Jupiter	Venus
23	Jupiter	Venus	Saturn	Sonne	Mond	Mars	Merkur
24	Mars	Merkur	Jupiter	Venus	Saturn	Sonne	Mond

Mag das Lesen solcher Vorschriften auch etwas altertümlich anmuten, so ist deren Beachtung und Wert dennoch nicht zu unterschätzen. Wir haben es mit sehr alten Traditionen zu tun, die früher ausschließlich von spirituell trainierten Priestern der verschiedensten Religionen durchgeführt wurden. Das Ausziehen der Straßenschuhe und der Alltagskleidung stellen für unser Unterbewusstsein mächtige Symbole dar. Wir verdeutlichen uns damit selbst – innerlich wie auch äußerlich –, dass wir nun den gewöhnlichen Alltag hinter uns lassen, um uns spirituellen, vielleicht sogar heiligen Handlungen zu widmen.

- *Legen Sie nun den vorbereiteten Spiegel vor sich auf den Boden, und richten Sie ihn anhand der angebrachten vier Kristalle nach den Himmelsrichtungen aus. Ein Kristall zeigt demnach in Richtung Norden, einer in Richtung Osten, einer in Richtung Süden und der vierte schließlich in Richtung Westen.*
- *Visualisieren Sie um Ihren Arbeitsplatz – eventuell an den Zimmerwänden entlang – einen weißen Lichtkreis. Sie können diesen Kreis, der Ihr eigenes Universum, den Mikrokosmos, darstellt, mit dem ausgestreckten Arm und Zeigefinger ziehen, in dem Sie sich, in der Mitte des Zimmers stehend, dreimal um ihre eigene Achse drehen. Mittels Ihrer Imaginationskraft (Vorstellungskraft) lassen Sie dann einen hellen Lichtstrahl aus Ihrem Arm und Finger fließen, der wie ein Laser den Lichtkreis um Sie herum entstehen lässt.*
- *Bei diesem Experiment befindet sich der Magische Spiegel innerhalb des Kreises vor Ihnen auf dem Boden. Hier ist es nicht angebracht, dass sich Ihr Fokus innerhalb eines Evokationsdreiecks außerhalb des magischen Kreises befindet, was bei Anrufungen verschiedener Wesenheiten durchaus richtig wäre. Bei der Anrufung des eigenen Schutzengels hingegen ist eine derartige Maßnahme unangebracht.*
- *An den vier Kardinalpunkten Ihres Spiegels – also genau dort, wo Sie die Amethyst-Kristalle angebracht haben – entzünden*

Sie nun je eine violette Kerze. Wählen Sie die Distanz zwischen den vier Kerzen und Ihrem Spiegel so, dass keine der Kerzenflammen von der Spiegeloberfläche reflektiert wird. Dies ist besonders wichtig, da jede Reflektion den Spiegeleffekt zunichte machen könnte.

- *Treten Sie nun aufrecht vor den Spiegel hin. Wählen Sie Ihren Abstand zu ihm nach Ihrem Gefühl. Sie sollten in der Lage sein, Ihren Blick ohne Anstrengung über die Spiegeloberfläche schweifen zu lassen. Wenn es Ihnen aus irgendeinem Grund zu anstrengend ist, länger zu stehen, dürfen Sie sich auch einen Stuhl bereitstellen, auf dem Sie sich dann entspannt sitzend in Ihren Spiegel vertiefen können. Wichtig ist vor allem, dass Sie sich nicht verkrampfen. Erzwingen Sie nichts.*
- *Atmen Sie nun mehrmals tief und entspannt ein und aus, und bringen Sie sich so in einen Alphazustand*[10]*. Hilfreich ist es, dabei langsam rückwärts von 10 bis 0 zu zählen.*
- *Beginnen Sie unterstützend mit der Übung des Reibungsatmens, und bringen Sie mit dem Gefühl der vibrierenden Kehle Hals-Chakra, Herz-Chakra und Drittes Auge in Einklang.*
- *Visualisieren Sie nun, dass aus dem Spiegel heraus ein wunderbares violettes Licht strahlt, welches den gesamten Raum des von Ihnen gezogenen Lichtkreises ausfüllt. Sollte Ihnen dies anfangs schwerfallen, schließen Sie dabei die Augen. Allerdings stellen die Augen wichtige Energiekanäle dar, in denen der Fluss bei geschlossenen Augenlidern unterbunden wird. Später sollten die meisten magischen Handlungen daher mit offenen Augen durchgeführt werden. Eine gute Augenstellung ist diejenige, die man oft auf den Bildern von Heiligen und Mystikern sieht: Die Augen sind leicht schielend nach oben gerichtet, als ob man sein*

10 Zustand, in dem die Gehirnfrequenz deutlich herabgesetzt ist – auch: meditativer Zustand

eigenes Drittes Auge betrachten würde. Diese Augenstellung ermöglicht es einerseits, die Energiekanäle der Augen geöffnet zu halten, andererseits aber auch, einen Trancezustand zu fördern.

- *Stellen Sie sich nun vor, dass ab diesem Zeitpunkt nicht Ihr Ego, sondern Ihre eigene Gottform, Ihr Geist, der sich durch Ihr »Hohes Selbst« zum Ausdruck bringt, alle weiteren Arbeiten durchführt. Sprechen Sie nun:*

Im Namen der göttlichen Vorsehung,
des höchsten Schöpfers,
Rufe ich meinen heiligen Schutzengel.
Mein heiliger Schutzengel, ich rufe dich!
Mein heiliger Schutzengel, ich rufe dich!
Mein heiliger Schutzengel, ich rufe dich!
Ich bitte dich, dich mir mitzuteilen.
Ich bitte dich, lass mich dich fühlen.
Ich bitte dich, lass mich dich hören.
Ich bitte dich, lass mich dich sehen.
Ich bitte dich, nenne mir einen Namen,
mit dem ich dich ansprechen kann.

- *Halten Sie nun Gedankenstille, und richten Sie Ihren Blick unscharf auf die Spiegeloberfläche. Mit großer Sicherheit werden Sie nun einen Eindruck Ihres Schutzengels erhalten. Einige Menschen sind imstande, wirklich klare und plastische Erscheinungen zu sehen; andere wiederum fühlen oder hören Ihren Schutzengel. Finden Sie ihre eigenen Begabungen heraus!*
- *Danken Sie Ihrem Schutzengel nach einigen Minuten, und verabschieden Sie ihn zurück in seine Sphäre. Danach löschen Sie Ihre Kerzen und visualisieren, wie sich der anfangs von*

Ihnen gezogene Lichtkreis, in dessen Mitte Sie stehen, auflöst. Bleiben Sie noch eine Weile in sich gekehrt, bevor Sie in Ihren Alltag zurückkehren.

Wiederholen Sie diese Anrufung regelmäßig, und mit der Zeit werden Sie einen immer tieferen Kontakt mit Ihrem Engel spüren. Nicht nur während der Anrufung, sondern auch im Alltag werden Sie seiner Präsenz und Unterstützung immer deutlicher gewahr werden.

Wenn Sie einige Routine in der Anrufung und Kontaktherstellung mit Ihrem Schutzengel erreicht haben, können Sie beginnen, gezielte Fragen an ihn zu richten. Auch Ihr Traumerleben wird sich mit großer Wahrscheinlichkeit merklich verändern.

Diese Anrufungspraxis ist eine wichtige und gute Vorbereitung für all jene Leser, die tiefer in die magisch-hermetische Tradition und Geheimlehre eindringen wollen und an der evokativen Arbeit, wie sie beispielsweise von Franz Bardon beschrieben wurde, nicht nur theoretisch interessiert sind. Bevor der Leser nicht in der Kontaktherstellung mit seiner direkten geistigen Führung deutliche Erfolge erzielen kann, ist von evokativen Anrufungen anderer Wesenheiten dringend abzuraten. Sicherlich ist eine magische Schulung Teil Ihres Lebensplanes, sonst hielten Sie wohl dieses Buch nicht in Händen. Ihr Schutzengel wird Sie in diesem Falle mit Freuden begleiten und in allen zukünftigen Experimenten unterstützen und fördern, solange Sie nicht den theurgischen (weißmagischen/göttlichen) Weg verlassen werden. Ihr Gefühl und Gewissen wird Ihre Richtschnur sein.

Herzlich willkommen vor den Toren des Wissens!

Kapitel 10

Es werde

Spiegelmagische Übungen
Materialisieren mit der Kristallkugel

In diesem Kapitel stelle ich Ihnen eine Spiegelpraxis vor, die bis heute nur einzelnen Eingeweihten bekannt war. Einige dieser Übungen gelingen unter Umständen mit der Kristallkugel einfacher als mit einem Flach- oder Hohlspiegel. Aus diesem Grund nehme ich in diesem Kapitel Bezug auf die Arbeit mit der Kugel. Kristallkugeln sind nicht ganz billig. Doch für den Anfang genügt eine günstige Glaskugel, die man im Handel ohne größere Kosten erwerben kann.

Ziel dieser Praxis ist es, neue Ursachen zu erschaffen und zu manifestieren. Aber auch das Sich-Bewegen in Vergangenheit, Gegenwart und Zukunft kann mit der Kugel gut geübt werden. Die Kristallkugel symbolisiert das gesamte Universum, Mikro- oder Makrokosmos, je nachdem, in welchem Bereich man zu arbeiten wünscht.

Ihre runde Form macht es recht einfach, die Kugel als »Welt« zu betrachten. Indem wir uns in eine höhere Bewusstseinsebene versetzen und dann bestimmte Wünsche oder Ziele im Mittelpunkt der Kristallkugel visualisieren, werden diese in den jeweiligen Sphären – in der mentalen, astralen oder physischen Welt – manifestiert und verwirklicht. Dabei wird die

Kristallkugel wie ein Trackball oder Joystick auf ihrem Ständer langsam gedreht und verschoben. Nach einigem Üben ist es möglich, die lineare Zeit zu überwinden und schöpferisch in der Vergangenheit, Gegenwart und Zukunft zu agieren.

An dieser Stelle wird es Zeit, an die Verantwortung und Vernunft des Lesers zu appellieren. Diese Praktiken sind kein Gesellschaftsspiel und dürfen ausschließlich zum Wohle von Wesen und Mitmenschen eingesetzt werden. Vom eigennützigen Gebrauch dieser magischen Techniken rate ich Ihnen dringend ab: Ein Missbrauch würde von den Wissenshütern,

das sind insbesondere die Karmawächter[11] der Saturnsphäre, streng bestraft werden.

⇒ Übung 1: Rigpa

- *Stellen Sie Ihre Kristallkugel auf einen Tisch vor sich hin, und setzen Sie sich so bequem und entspannt wie möglich auf einen Stuhl davor. Sie sollten jetzt mühelos in der Lage sein, Ihren Blick auf das innere Zentrum der Kristallkugel zu fokussieren.*
- *Beginnen Sie nun mit dem Dreifachen Reibungsatem, indem Sie eine Vibration im Kehlkopf erzeugen und diese dann mittels Ihrer Vorstellungskraft und Ihres Gefühls auf das Dritte Auge zwischen Ihren Augenbrauen und das Herzzentrum in Höhe der Thymusdrüse übertragen. Mit jedem Ein- und Ausatmen bemerken Sie, wie sich die drei Zentren in Ihnen miteinander verbinden und gleichschalten. Mit viel Übung erreichen Sie einen dauerhaften Zustand der Aufmerksamkeit – Bewusstsein – in diesen wichtigen Wahrnehmungszentren – dem Herzen, der Kehle und dem Dritten Auge. Wenn Sie neben dem Hellsehen, Hellwissen und Hellfühlen auch das Hellhören entwickeln wollen, übertragen Sie die Vibration auch auf das vierte Zentrum, das Innenohr. Ein Meister dieser Atemtechnik überträgt die Kehlkopfvibration auf alle feinstofflichen Zentren, also alle Haupt- und Neben-Chakras, und dehnt dabei sein Bewusstsein nach Belieben aus.*
- *Versuchen Sie nun, sich selbst über die Grenzen des Universums hinaus auszudehnen. Ihr Bewusstsein befindet sich in der absoluten Leerheit (Zustand der Leere) – im Rigpa, dem »klaren Licht«. Sie erkennen diesen Bewusstseinszustand daran, dass*

11 Karmawächter sind jene Intelligenzen und Wesenheiten, welche die »Göttliche Ordnung« bzw. Gerechtigkeit aufrechterhalten.

sich alle begrenzenden Vorstellungen im Nichts auflösen. Trotzdem ist das Nichts nicht leer – sie selbst sind dort und füllen es aus. Sie integrieren das Diesseits und das Jenseits als Einheit, ohne Grenze und Beschränkung oder dualistische Weltsicht. Samsara, die Welt der Illusion (die physische materielle Welt oder auch die Dritte Dimension) und Nirvana, die spirituelle Christus- oder Buddha-Ebene (die Welt der Glückseligkeit, jenseits von Dualität und Getrenntheit) sind untrennbar miteinander verschmolzen. Das eine integriert das andere. Sie befinden sich nun im Zustand Ihres »wahren Wesens« *(siehe auch die Übungen im Kapitel »Das innere Zeitrad«).*

⇒ ÜBUNG 2: AUFLÖSUNG

- *Beginnen Sie mit Übung 1*
- *Konzentrieren Sie sich dann auf das Innere der Kristallkugel.*
- *Sehen Sie die Kristallkugel als Symbol der Welt und des Universums.*
- *Ganz so, wie Sie selbst gelernt haben, Ihre eigenen Begrenzungen aufzuheben (Übung 1), dehnen Sie nun mittels Ihrer Vorstellungskraft und der Gefühlsebene Ihre Kristallkugel aus. Lassen Sie, den Fokus immer noch im Zentrum der Kugel, den äußeren Rand (die Begrenzung) immer größer und größer werden. Nach wenigen Augenblicken nehmen Sie überhaupt keine Ausdehnung der Kristallkugel mehr wahr.*
- *Wenn Sie diese Vorstellung (oder auch: diesen Bewusstseinszustand) erreicht haben, ziehen Sie die Kristallkugel wieder auf ihre Normalgröße zusammen und beenden für diesen Moment die Übung.*
- *Wiederholen Sie diese Übung ebenfalls, bis Sie das Gefühl haben, sie zumindest nahezu zu beherrschen.*

⇒ Übung 3: Bilder erschaffen

- *Leiten Sie nun bei diesem dritten Übungsschritt die Vorstellungen und den Bewusstseinszustand der vorangegangenen Übungen eins und zwei ein.*
- *Zuerst heben Sie, wie oben beschrieben, kraft Ihrer Vorstellung die äußeren Begrenzungen Ihrer Kristallkugel auf, konzentrieren sich aber dennoch auf den inneren Mittelpunkt der Kugel. Nun visualisieren Sie ins Zentrum der Kugel bestimmte Bilder, um diese dann nach einigen Augenblicken wieder im Nichts verschwinden zu lassen.*
- *Das Aufbauen von Fantasiebildern in der Kristallkugel oder jedem anderen Magischen Spiegel ist eine besonders wichtige Vorübung, um unser Unterbewusstsein an die Spiegelarbeit zu gewöhnen und es auf das Sehen im Spiegel hin zu trainieren.*
- *Üben Sie mit folgenden Bildern: Lassen Sie eine Kugel in Ihrem Kristall oder Spiegel entstehen, und halten Sie das Bild, solange Sie können. Wenn Sie bemerken, dass Ihre Konzentration nachlässt, lösen Sie Ihre Imagination wieder und beenden Sie Ihre Übung. Beachten Sie stets:*

Beenden Sie die Übung NIEMALS, bevor Sie nicht Ihre Visualisation tatsächlich wieder aufgelöst haben!

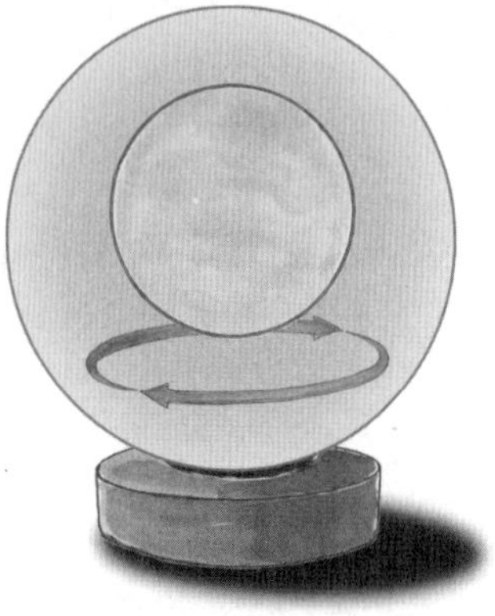

1. Kreis (zweidimensional)

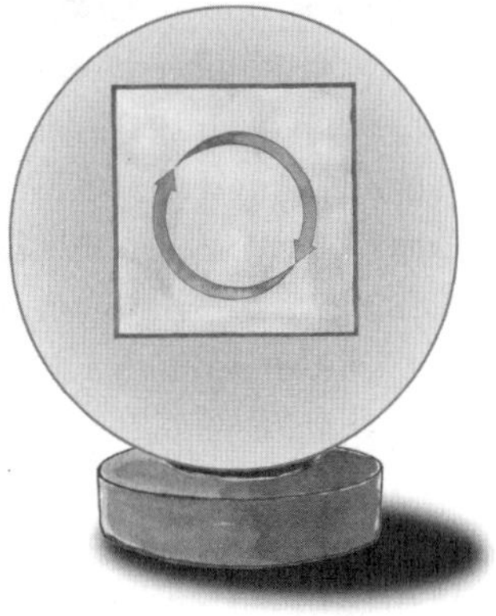

2. Quadrat (zweidimensional)

3. Dreieck (zweidimensional)

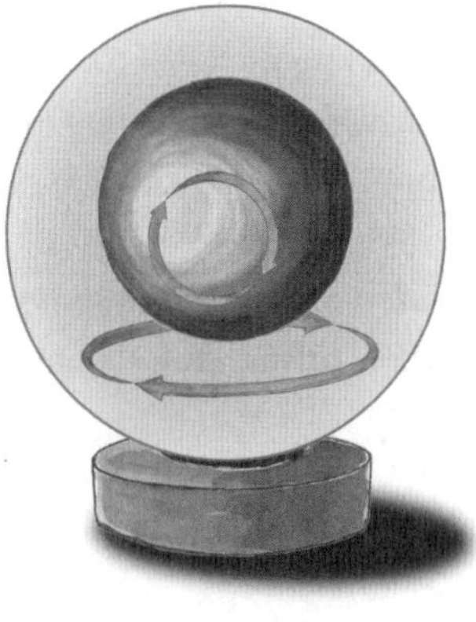

4. Kugel (dreidimensional)

5. Quader (dreidimensional)

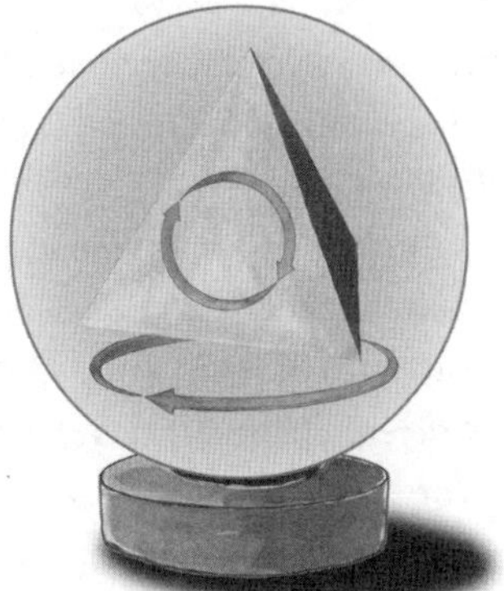

7. Tetraeder (dreidimensional)

8. Lassen Sie nun alle zuvor visualisierten Bilder sich um die eigene Achse drehen.
9. Visualisieren Sie das tibetische weiße A auf einer dunkelblauen Scheibe.
10. Lassen Sie das tibetische A um die eigene Achse im Uhrzeigersinn rotieren.

⇒ ÜBUNG 4: LANDSCHAFTEN VISUALISIEREN

Nachdem Sie nach einiger Zeit Erfolge mit den ersten drei Übungen verzeichnen können, beginnen Sie nun, komplexere Bilder in Ihrer Kugel aufzubauen und nach einiger Zeit wieder ins Nichts aufzulösen.

- *Visualisieren Sie Bäume und versuchen Sie, dieses Bild so detailgenau wie nur möglich in Ihrer Kristallkugel aufzubauen.*
- *Beginnen Sie nun, ganze Landschaften in Ihre Kugel zu visualisieren. Stellen Sie sich Ihren Lieblingsstrand oder Urlaubsort vor.*
- *Haben Sie in der Imagination von Landschaften große Fertigkeit erreicht, können Sie darangehen, zuerst Tiere in Ihre Kugel zu visualisieren, danach auch Menschen. Beginnen Sie mit Tieren und Menschen, die Sie nicht kennen und zu denen Sie keinen Bezug haben.*

Der Leser erkennt an dieser Stelle die mögliche Richtung, die in der Spiegelmagie eingeschlagen werden kann. Da Sie jedoch an Ihrer eigenen Entwicklung interessiert sind und deshalb am »Herumzaubern« kein Interesse haben, achten Sie die Privatsphäre einer jeden Wesenheit! Niemand, auch nicht der beste Hellseher, hat das Recht, die Privatsphäre eines anderen Menschen zu verletzen oder gar manipulativ in diese einzugreifen.

⇒ ÜBUNG 5: REISEN IM RAUM-ZEIT KONTINUUM

In dieser Übung beschäftigen wir uns mit der Möglichkeit, uns innerhalb des Raum-Zeit-Kontinuums frei zu bewegen. Diese spiegelmagische Technik ist nur wenigen bekannt und wurde meines Wissens auch nie zuvor veröffentlicht. Ich selbst konnte einige

Erfahrung mit dieser Art von Spiegelmagie machen, die mir persönlich als recht interessant und dienlich erscheint.

Bitte denken Sie daran, dass der Magische Spiegel, hier die Kristallkugel, wie bei allen magischen Handlungen lediglich eine Bewusstseinsstütze ist. Es handelt sich bei ihm also um ein Objekt, an dem sich unser Geist festhalten kann. Alle magischen Techniken sind natürlich auch ohne Hilfsmittel durchführbar. Allerdings sind dafür viel mehr Übung und Krafteinsatz erforderlich, als bei einem sich noch in der Übungsphase Befindlichen vorhanden sein kann.

Das Prinzip dieser Übung ist es, sich eine gewünschte Situation aus der Vergangenheit, Gegenwart oder Zukunft »herbeizuholen«, um dort schöpferisch zu agieren oder sie einfach nur zu beobachten.

- *Nehmen Sie Ihre meditative Haltung ein, und tauchen Sie in Ihr höheres Bewusstsein, so wie in den Übungen 1 bis 3 erklärt. Im Zustand Ihres ursprünglichen Bewusstseins (dies ist eine Redeform, die gerne im tibetischen Dzogchen Verwendung findet und den Zustand jenseits jedweder Konditionierung und Prägung meint) konzentrieren Sie sich auf Ihre Kugel und deren Mittelpunkt.*
- *Legen Sie Ihre rechte oder linke Hand flach auf die Kugel, sodass Sie diese durch leichtes Bewegen der Hand wie einen Joystick oder einen Trackball in alle möglichen Richtungen drehen können.*

- *Achten Sie auf Ihr Gewahrsein in den drei Zentren: Hals, Herz und Drittes Auge.*
- *Nun beginnen Sie, die Kristallkugel auf dem Ständer durch leichten Druck Ihrer Hand zu bewegen. Bewegen Sie die Kugel ganz sacht und langsam nach vorn, nach hinten, vielleicht machen Sie kreisende Bewegungen. Stellen Sie sich dabei vor, dass Sie durch jede Bewegung der Kristallkugel im Raum-Zeit-Kontinuum hin und her wandern. Beenden Sie die »Wanderung« erst, wenn Sie genau in der gewünschten Zeit oder Situation angelangt sind, über die Sie etwas erfahren wollen. Wie an einem Filmprojektor können Sie Ihren gewünschten »Film« (eine Situation oder Begebenheit) in Zeitlupe oder Zeitraffer vor- oder zurückspulen. Diese Vorgehensweise erfordert sehr viel Gefühl und Intuition. Erwarten Sie nicht immer Bilder*

oder Visionen. Oftmals ist es nur möglich, in der Spiegelschau eine Art von Gefühlswahrnehmung zu erfahren. Würde man jetzt mehr oder weniger verbissen ausschließlich auf die Bildwahrnehmung warten, wäre es sehr schnell möglich, dass man andere wichtige Eindrücke gänzlich übersieht.

- *Auf diese Art und Weise wird es dem der Spiegelmagie Kundigen möglich, auch Personen oder ganze Gruppen in den Spiegel zu »rufen«. Die daraus resultierenden Möglichkeiten sind recht umfangreich. So kann der Magische Spiegel (Kugel-, Flach- oder Hohlspiegel) auch als Hilfe zur Fernheilung Verwendung finden. Auch in den positiven Verlauf einer in der Zukunft liegenden Prüfungsarbeit kann man sich nun mittels Imagination hineinversetzen.*

Erforschung esoterischer Weisheit

Dass sich schon die ersten Christengemeinden ebenfalls mit Spiegelmagie esoterischer Art befassten, geht aus dem Wort des Apostels Paulus an die Korinther hervor: »Wir sehen jetzt durch einen Spiegel in einem dunklen Wort, dann aber von Angesicht zu Angesicht.«

Madame Blavatskys[12] Geheimlehre spricht an einer Stelle von dem Engel Azazyel, der den Menschen lehrte, Schwerter, Messer und Schilde zu machen und *Spiegel zu erzeugen,* um sehen zu können, was *hinter ihm sei.* Das bedeutet, es handelte sich um *»Magische Spiegel«.*

Der richtige Umgang mit dem Magischen Spiegel bedarf längerer praktischer Erfahrung. Verfügt man aber darüber, nimmt den Spiegel zur Hand und konzentriert sich dabei auf den Gedanken: »Geheimnisse der Allmaterie und Geheimnisse esoterischer Weisheit mögen sich mir kundtun«, so werden sich dem Übenden Dinge erschließen, von denen er sich zuvor keine Vorstellung machte. Geheimnisvolle Schriften, Sprachen und Worte voll unendlicher Weisheit werden sich ihm durchaus lesbar in seinem Spiegel offenbaren.

Das »Mene tekel upharsin« des Königs Belsazar (Zauberspruch) war wahrscheinlich ebenfalls eine Schrift, die *im Spiegel* an der Wand des königlichen Saalbaus zu sehen war. Dem

12 Blavatsky, Helena Petrowna (1831–1891): Okkultistin u. Mitbegründerin der Theosophischen Gesellschaft (1875 Madras, Indien), deren Gedankengut indischen Anschauungen und spekulativen Elementen aus Altägypten, Kabbalah, Neuplatonismus und Gnosis entstammt.

ethisch hochstehenden und fortgeschrittenen Adepten ist es darüber möglich, die Verbindung mit Bruderschaften des Orients herzustellen. Es kann hier nicht angegeben werden, auf welche Weise dies geschieht. Jeder künftige Adept wird, wenn sein innerliches Wachstum fortgeschritten ist, von selbst den konzentrativen Gedanken finden, der hierzu notwendig ist. Genauer: Der Gedanke wird ihm von einer höheren Macht gegeben werden. Dem fortschreitenden und ausdauernd in seiner eigenen Seele schürfenden und suchenden Spiegelmagier werden mit Hilfe des Spiegels noch viele andere Dinge möglich.

Telepathischer Kontakt mittels Magischem Spiegel

Bevor ich diese Art der Spiegelpraxis erläutere, scheint es mir nochmals angebracht zu sein, auf die ethischen Regeln eines Magos hinzuweisen. Möchte der übende Leser nicht zum Zauberer und Nekromanten (Totenbeschwörer) herabsinken, muss er sich bewusst machen, dass er niemals gegen den Willen einer Person arbeiten und Einfluss ausüben darf. Mentale oder gar astralmagische Beeinflussungen, die nicht mit der betreffenden Person besprochen und von ihr genehmigt wurden, fallen sofort in den Bereich der Schwarzen Magie. In einem solchen Falle würde der Leser sich von der Geistigen Führung, jenen Intelligenzen und Genien, die auch dieses Buch inspiriert haben, abwenden.

Die Praxis der Telepathie wird in den meisten Geistesschulen als wichtige Fertigkeit angesehen. Nichts liegt dem Praktiker näher, als seinen magischen Spiegel als Telepathiewerkzeug einzusetzen. Mittels der Spiegeltelepathie ist es möglich, über jede denkbare Entfernung Botschaften an andere Menschen zu senden. Diese Praxis wird oft von Adepten angewandt, die sich einerseits selbst untereinander verständigen und andererseits ihre Schüler telepathisch unterrichten. Für die Fernheilung eignet sich diese Art der Spiegeltechnik ebenso und kann oft wesentlich stärker und effektiver sein als die Fernbehandlung über ein Photo oder nur durch die eigene Vorstellung der zu heilenden Person.

Jede vorstellbare Beeinflussung, auch von ungeschulten Menschen, ist mit dieser Art von Spiegeltelepathie möglich. Jedoch wird sich kein Leser, der den Wunsch hegt, den Weg der Adeptenschaft zu gehen, dazu verleiten lassen, eine negative oder schädliche Beeinflussung auf andere Personen vorzunehmen. Da gerade die Göttliche Vorsehung selbst direkt über das Akasha-Prinzip wirkt, würde sich ein Missbrauch seitens des Spiegelmagiers immer an ihm selbst rächen. Vorsicht ist somit immer geraten. Ganz realitätsnah kann ich dem Leser versichern, dass gerade die hohen Politiker vieler Nationen von sogenannten PSI-Agenten abgeschirmt werden, um vor telepatischen Beeinflussungen geschützt zu sein.

Wenn Sie die Fertigkeit der Telepathie erlernen wollen, werden Sie sich einen Übungspartner suchen müssen, der in etwa über die gleiche geistige Reife und Ausbildung verfügt wie Sie selbst.

Das Kommunizieren über den Spiegel kann wie folgt geschehen:

- Setzen Sie sich in einer ruhigen und entspannten Meditationshaltung vor Ihren Magischen Spiegel. Reinigen Sie Ihre feinstofflichen Kanäle, so wie ich es im Kapitel »Das innere Zeitrad« unter der Übung *Der Neunfache Atem* beschrieben habe. Von Vorteil ist es auch, das Kalachakra-Mantra einige Male zu wiederholen.

- Nun richten Sie Ihre Aufmerksamkeit auf Ihre Kehle, auf Ihr Herzzentrum und Ihr Drittes Auge, indem Sie die Übung des Reibungsatems durchführen.

Diese Vorbereitungen dienen im Übrigen stets als »Einschaltübung» für eine Arbeit mit dem Spiegel, auch wenn ich es fortan nicht zu Beginn einer jeden Übung wiederholen werde.

- Laden Sie Ihren Spiegel mit Akasha, sodass sich sowohl um Sie und den Spiegel als auch um die Person, die Sie über den Spiegel erreichen wollen, Akasha befindet. So werden Raum und Zeit zwischen Ihnen und Ihrem Übungspartner aufgelöst.
- Konzentrieren Sie sich nun auf Ihren Partner und wünschen Sie sich, dass sie ihn augenblicklich in Ihrem Spiegel sehen können. Haben Sie die nötige Fertigkeit erreicht, wird Ihr Übungspartner im Spiegel wahrnehmbar sein. Sie können sehen, wo er sich aufhält und womit er sich gerade beschäftigt. Anfangs ist Ihr Sehen vielleicht nur sehr nebelhaft. Je nach Veranlagung und beharrlicher Übungszeit werden die Bilder jedoch immer klarer, bunter und schärfer.
- Rufen Sie nun den Namen Ihres Übungspartners, erst leise und dann in normaler Gesprächslautstärke. Geben Sie sich zu erkennen, indem Sie sich mit Ihrem eigenen Namen vorstellen. Dies könnte etwa lauten: »Hallo Peter, hörst Du mich? Ich bin es, Markus!«Achten Sie darauf, ob Sie irgendeine Reaktion ihres Übungspartners im Spiegel er-

kennen können. Mit der Zeit sollten Sie sich nicht mehr nur auf die Übermittlung von Worten beschränken, sondern sich auch auf das Senden von Gefühlen und Gedankenbildern konzentrieren.

Zum Zwecke der Übungskontrolle empfiehlt es sich, dass Sie Ihren Übungspartner telefonisch kontaktieren, um ihn zu fragen, ob er Sie auf irgendeine Weise wahrgenommen oder an Sie gedacht hat. Anfangs wird der Empfänger der telepathischen Botschaften eine Art lautes Denken vernehmen, später, nach sehr viel Übungszeit, können die Botschaften als laute Worte, ähnlich einem Telefongespräch gehört werden. Gerade die Meister des Orients beherrschen diese Techniken der Übermittlung von Botschaften in besonders hohem Maße.

Falls Sie in dieser Art von Telepathie größere Fertigkeit erreichen wollen, so empfiehlt es sich, diese Übung mehrmals wöchentlich, vielleicht sogar täglich, zu wiederholen, bis Ihr Übungspartner klare Anweisungen und Übermittlungen fehlerfrei verstehen kann. Um sich nicht nur einseitig zu trainieren, ist es gut, wenn Sie Ihre Rollen als Sender und als Empfänger stetig wechseln.

Der Magische Spiegel – Tor zu anderen Welten

Die nachfolgend beschriebenen Spiegelreisen sind wichtige Vorübungen, damit Sie, wie in späteren Kapiteln dieses Buches beschrieben, evokative Arbeit – also Anrufungen von Engeln und Intelligenzen – vornehmen können.

⇒ Übung: Astralreise

Um Ihren Spiegel als Durchgangspforte in andere Reiche und Sphären nutzen zu können, sollten Sie das Akasha-Prinzip respektive den Akasha-Strom weitestgehend verstanden haben und beherrschen.

- *Setzen Sie sich hin, und nehmen Sie eine ruhige und entspannte Meditationshaltung ein.*
- *Füllen Sie Ihre Lungen und schließlich den gesamten Körper mit dem dunkelvioletten Akasha. Atmen Sie das Akasha-Element so lange in Ihren Körper, bis Sie das Gefühl haben, wirklich eins mit dem Universellen Geist zu sein, und dass jedwede Schranke zwischen Ihnen und den Welten verschwunden ist.*
- *Halten Sie jetzt die Hände über Ihren Magischen Spiegel, und lassen Sie das Akasha in diesen hineinfließen. – Ein schwarzer Hohlspiegel eignet sich für dieses Experiment am besten. Später, wenn Sie wirkliche Fortschritte in Ihren Übungen verzeichnen können, gelingen alle Spiegelpraktiken an jeder beliebigen glatten Oberfläche.*
- *Wenn Sie fühlen oder gar sehen können, dass der Spiegel durch und durch vom Akasha-Element erfüllt ist, geben Sie jeden Gedanken an ihren Körper auf. Vergessen Sie ihn vollständig, und denken Sie nur noch an Ihren Geist. Stellen Sie sich vor, dass nicht mehr Ihr physischer Körper, sondern ausschließlich Ihr Astralleib und Mentalkörper atmet. Nur durch bewusstes Atmen im Mental- bzw. Astralkörper gelingt eine Lösung der Astralmatrize vom fleischlichen Körper.*
- *Machen Sie sich jetzt bewusst, dass Ihr Geist jede Form und jede gewünschte Größe annehmen kann. Kraft Ihres Willens nimmt Ihr Geist nun die Größe eines Tennisballs ein, und Sie bewegen sich mühelos durch den mit Akasha getränkten Spiegel – durch Ihre Pforte ins Astralreich, das auch von manchen als das Jenseits bezeichnet wird.*

Anfangs werden Sie bei einer Astralreise wahrscheinlich nichts sehen oder wahrnehmen. Nach einiger Übungszeit werden Sie Nebel aufziehen sehen können. Schließlich begegnen Ihnen die verschiedensten Bewohner des Astralreiches, nichtmenschliche Wesen, aber auch verstorbene Menschen.

Nach einer gewissen Reife und längerem Üben ist es möglich, jenen individuellen Astralort aufzusuchen, der nach dem physischen Tod für den Reisenden vorbestimmt ist. Hierin liegt die große Chance, jedwede Angst und Illusion vor dem Tod zu verlieren. Der angehende Adept erkennt, dass es in Wahrheit keinen Tod und kein Sterben gibt. Jede Astralreise birgt in sich den gleichen Vorgang wie beim physischen Ableben: das Heraustreten der Seele aus ihrer physischen Hülle, dem fleischlichen Körper.

Wer allerdings durch Trauer gebunden ist, wird nicht zu einer Astralreise in der Lage sein. Erst, wenn er selbst wieder innerlich gefestigt und ausgeglichen ist, sollte er sich mit den hier beschriebenen Praktiken auseinandersetzen. Auf keinen Fall darf sich der Leser dazu verleiten lassen, eventuell verstorbene Angehörige zu rufen – sie würden in ihrer eigenen Entwicklung unter Umständen schwer gestört werden. Ein weiterer Nachteil der Totenbeschwörung – Nekromantie – ist die Gefahr, dass man von Astralwesen besessen werden kann. Der Totenbeschwörer merkt dies oft erst sehr spät oder gar nicht. Die unangenehmen und teils sehr gefährlichen Folgen von Besessenheit können einen Menschen ins Irrenhaus bringen.

Je nach geistiger Größe, magischem Gleichgewicht und seelischer Reife wird es Ihnen, dem übenden Leser, möglich sein, auch höher schwingende Sphären aufzusuchen und mit Intelligenzen, Genien und Engeln in Kontakt zu treten.

Wenn Sie die Elementereiche besuchen, also die Sphären der

Gnome (Wesen des Erdelements), Nixen (Wesen des Wasserelements), Sylphen (Wesen des Luftelements) und Salamander (Wesen des Feuerelements), müssen Sie sich, bzw. Ihren Geist, selbst zu einem Elementewesen formen. Andernfalls können Sie diese Reiche weder betreten noch von den dort lebenden Wesen wahrgenommen werden. Es versteht sich von selbst, dass der Spiegel zu diesem Zweck statt mit dem Akasha mit dem jeweiligen Element der zu bereisenden Sphäre imprägniert werden muss.

Ihre jeweilige Reise können Sie ganz einfach beenden, indem Sie sich bewusst machen, dass sie im Umkehren den Spiegel wieder als Austrittspforte verwenden. Stellen Sie sich vor, dass Sie, sobald Sie den Spiegel durchschreiten, die Form und Größe Ihres menschlichen Daseins wieder angenommen haben und gesund und vital im fleischlichen Körper angekommen sind.

Sobald Sie sich wieder in Ihrem Körper befinden und in Ihr Tagesbewusstsein zurückgekehrt sind, trennen Sie sich bitte ganz bewusst von jener Ebene, die sie zuvor aufgesucht haben. Eine wirkungsvolle Möglichkeit stellt z.B. eine einfache Bewegung des rechten Armes von oben nach unten (mit ausgestreckter Hand) dar, ganz wie ein scharfes Beil, das alle Verbindungen kappt.

Es ist wirklich lohnend, gerade die Elementereiche zu bereisen, da man von den dortigen Einwohnern durchaus viel lernen kann. Schließlich sind sie es, die Gnome, Sylphen, Nixen und Salamander, die die Wünsche des Magiers genauso wie das Wirken von höheren Engeln und Intelligenzen in der Astralwelt bis hin zur Verwirklichung in der grobstofflichen physischen Welt umsetzen.

Nachdem Sie einige Fertigkeit in der Arbeit mit Elementereisen erworben und tatsächliche Kontakte mit dem einen oder anderen Wesen stattgefunden haben, können Sie beginnen zu üben, Ihr Bewusstsein in andere Reiche zu versetzen.

Die erste Ebene wäre die Erdgürtelzone mit Ihren Urintelligenzen:

- Aschmunadai, der oberste Herr der Erdgürtelzone,
- Aladiah und Kolorum, Aschmunadais direkte Vertreter,
- Siilla, Lilitha, Ubiveh und andere, sowie
- die diese Zone beherrschenden 360 Vorsteher (Genien); jeder dieser Vorsteher wirkt an einem sogenannten Zonenort, einem einzigen astrologischen Grad über eine Dauer von jeweils vier Minuten an einem irdischen Platz (MC).

Die Erdgürtelzone hat ihre Entsprechung im ätherischen Doppel bzw. der Astralmatrize eines jeden Lebewesens. Somit bezieht sich der Einfluss einer jeden Intelligenz und eines jeden Vorstehers der Erdgürtelzone auf den ätherischen und physischen Körper des Menschen. Jeder Mensch steht sein Leben lang unter dem Einfluss eines Genius' der Erdgürtelzone. Um welchen Genius es sich jeweils handelt, vermag ein jeder Eingeweihter zu erkennen. Wie diese astromagischen Berechnungen durchzuführen sind, wird dem reifen Sphärenmagier – Adepten – von seiner eigenen Geistigen Führung oder einem mit diesem Wissen ausgestatten Genius mitgeteilt.

Nach jeder Spiegelübung empfiehlt es sich, den Spiegel wieder zu entladen, sodass er für die nächste Operation aus der Neutralität heraus je nach gewünschtem Zweck und Ziel erneut präpariert werden kann. – Ganz anders verhält es sich natürlich, wenn Sie die Zeit, das Geld und die Muße aufbringen wollen, für jedes Element einen eigenen Spiegel herzustellen. Ein solcher Elementespiegel wird nicht mehr entladen, sondern, ganz im Gegenteil, mit jedem Gebrauch in seiner

Wirksamkeit und energetischen Spannkraft stärker und erfolgversprechender.

Es versteht sich dann von selbst, dass bei einem magischen Spiegel, der dauerhaft nur mit einer einzigen Kraft oder nur mit einem Element geladen werden soll, bereits bei der Herstellung an alles gedacht werden sollte, was die jeweilige Ladung unterstützen könnte. Insbesondere ist der Wahl des flüssigen oder festen Kondensators und dessen Zusammensetzung größte Aufmerksamkeit zu widmen.

Heilen mit dem Magischen Spiegel

Dass man einen Magischen Spiegel zum Heilen verwenden kann, liegt auf der Hand. Hier gibt es so viele Möglichkeiten, dass ich sie kaum alle beschreiben kann – eine ist der Sigillenspiegel, den Sie weiter vorn beschrieben finden. Ich möchte Sie an dieser Stelle dazu anregen, selbst nach eigenen Methoden zu forschen, gebe aber einige Anhaltspunkte:

- Lassen Sie Ihren Raum von einem Spiegel – gleich welcher Bauart – bestrahlen. Stauen Sie Lichtkraft in Ihren Spiegel und geben Sie dieser durch Imagination den Befehl und Auftrag, den gesamten Raum mit diesem Licht auszustrahlen. Konzentrieren Sie sich auf den Wunsch, dass jeder, der diesen Raum betritt, augenblicklich vitalisiert wird und alle störenden Krankheitsursachen in diesem Licht eliminiert werden.
- Wenn Sie in der Kabbalah fortgeschritten sind (siehe: »Die Hohe Kabbalah«), laden Sie ihren Spiegel mit der Formel E-B, welche das elektromagnetische Fluid repräsentiert. Danach geben Sie gezielte Heilaufträge in Ihren

Spiegel. Mit dieser Methode können Sie z.B. Fotos von jenen Personen bestrahlen, die Sie um Hilfe gebeten haben. Selbstverständlich eignen sich auch Formeln wie J-H-W, J-H-W-H, Jö-Hö-Wö-Hö, Jo-Ho-Wo-Ho usw. Wer von seiner Geistigen Führung die Anwendung des kabbalistischen Siebenerschlüssels offenbart bekam, möge diesen bei all seinen Heilungen anwenden.

- Sprechen Sie ein Gebet, wenn möglich das Vaterunser (siehe Anhang) Selbst wenn Sie kein Christ sind, wissen Sie als Hermetiker und angehender Adept, dass Sie über den konfessionellen Zwängen und Vorstellungen einer Religion stehen und sich über die entsprechenden Gebete an ein vorhandenes universales Bewusstsein anschließen. Rufen Sie das Christusbewusstsein in sich hervor, indem Sie in leichter Trance in Gedanken bestätigen: »Christos, wirke Du über meine Hände!« Sobald sie diese Worte im Geiste gesprochen haben, werden Sie feststellen, dass sich Ihre Hand-Chakras aktiviert haben. Versuche zeigten, dass sich nach diesen Worten die eigene Lebenskraft des Heilers (Boviseinheiten) um ein Vielfaches vermehrt. Laden Sie Ihren Spiegel mit Akasha und rufen Sie die kranke Person zwischen sich und den Spiegel, so wie ich es in der Ausführung zur Telepathie beschrieben habe. Sobald Sie ein klares Bild des Kranken haben, konzentrieren Sie sich auf dessen sieben Körper. Konzentrieren Sie sich zuerst auf den Göttlichen Körper, den Atma oder Buddhi-Körper. Dabei erkennen Sie das absolut Göttliche der Person. Dann wechseln Sie zum spirituellen Körper und schließlich zum Kausalkörper (= Mentalkörper nach Bardon). Diese drei Körper entsprechen der geistig-spirituellen Ebene. Lassen Sie die Christuskraft in diese drei oberen Körper

einfließen und »sehen« Sie, wie sich alle Krankheitsursachen auflösen. Verfahren Sie auf die gleiche Weise und in dieser Reihenfolge mit dem Mentalkörper (= Mentalmatrize nach Bardon), dem Astralkörper, dem ätherischen Körper (Astralmatrize) und schließlich dem physischen Körper. Im Spiegel imaginieren Sie jeden Körper als vollkommen und gesund.
Nach einiger Zeit beenden Sie diese Übung, bedanken sich beim Christusbewusstsein und bei allen helfenden Intelligenzen und trennen sich bewusst von der behandelten Person. Anschließend ist der Spiegel zu entladen.

- Weitere Möglichkeiten ergeben sich durch magische Evokationen, die ich in den folgenden Kapiteln beschreibe. Je nach Genius oder Engel, der bei der Evokation gerufen wird, können Sie ganz unterschiedliche Methoden und Praktiken erfahren. Solche von hohen Intelligenzen und Wesen gegebene Unterweisungen werden meist unter dem Siegel der Verschwiegenheit erteilt und dürfen nicht öffentlich bekannt gemacht werden – es sei denn, die Intelligenz, der Genius oder der Engel würde einer Veröffentlichung ausdrücklich zustimmen.

Heilen Sie niemals magisch, ohne den direkten Auftrag eines Klienten erhalten zu haben! Wer dies nicht berücksichtigt, tätigt unberechtigt schwere Eingriffe ins Karma des Betroffenen. Der Magier muss die karmischen Folgen dann selbst tragen.

Kapitel 11

Evokation mit dem Magischen Spiegel

***

Ein spiegelmagischer Erfahrungsbericht

von ∴Gregor Gregorius∴[13]

Fraternitas Saturni 1925

Im Jahre 1925 beschäftigte sich ein junger Ingenieur und Maler besonderes eingehend mit der Spiegelmagie. Er war ein hochintelligenter, eher nüchtern denkender Mensch – frei von Illusionen.

In der damals in Berlin sehr aktiven Loge »Fraternitas Saturni« war er in einem besonderen Zirkel magisch geschult und in allen magischen Disziplinen ausgebildet worden. Seine Spezialität war die astrale Magie, und er versuchte immer wieder, durch Willenspolung engen Kontakt mit den Dämonien dieser Sphäre zu bekommen und sie zu beherrschen.

Der Weg der Spiegelmagie erschien ihm dazu besonders geeignet. Seine diesbezüglichen Experimente erstreckten sich über mehrere Monate. Sorgfältig berechnete und nutzte er die geeigneten kosmischen Konstellationen als Basis für seine Experimente. Doch lassen wir ihn selbst erzählen:

---

13 Pseudonym von Eugen Grosche (1888–1964), Begründer der Fraternitas Saturni

»Ich benutzte zu meinen Experimenten stets die Nächte vom Montag zum Dienstag, bevorzugte astrologische Aspektverbindungen des Transit-Mondes zum Saturn in meinem Radixhoroskop, zumal wenn diese beiden Gestirne auch am nächtlichen Himmel in Quadratur zueinander standen, und begann die Beschwörungen der Saturndämonien in der Saturnstunde im Akasha-Tattwa. Eine besondere Hochpolung meiner energetischen Kräfte fand möglichst im Tejas-Tattwa und in der Marsstunde statt.

Im Räucherfeuer verbrannte ich pflanzliches Rauchwerk, das dem Saturn, dem Mars und dem Monde zugeordnet war. Ich setzte mich im sogenannten ägyptischen Sitz vor meinen schwarz verhangenen Tisch, auf dem ich den Magischen Spiegel aufgestellt hatte. Außer drei Bienenwachskerzen brannte in dem sonst sorgfältig abgedunkelten Zimmer nur eine dunkelrote elektrische Birne. Alle Bilder im Raume hatte ich verhangen oder entfernt.

Zu Beginn des Experiments verbrannte ich im Räucherfeuer einen Pergamentstreifen, auf den ich mit einem feinen Pinsel das Wort ›...‹ mit meinem Blute – aus dem Mittelfinger entnommen – geschrieben hatte.

Ich brachte mich dann in den Atemrhythmus und starrte ununterbrochen in den Spiegel. Schon nach kurzer Zeit begann sich dessen Oberfläche zu trüben, die brennenden Kerzen, sowie der ganze Raum schienen mir zu verschwimmen in einem mystischen Dunkel. Ohne Frage befand ich mich zu diesem Zeitpunkt bereits in einem leichten Trancezustand, ohne aber mein Denken und meine Empfindungen etwa verloren zu haben.

Plötzlich formte sich vor mir im Spiegel, wie aus einem Nebel hervorrauchend, ein längliches Gesicht. Ein stechendes schwarzes Augenpaar blickte mich an. Die Konturen dieses Gesichtes wurden immer schärfer. Schwarze, rote und gelbe Farblichter erschienen im Spiegel und durchleuchteten oder umspielten das Antlitz.

Dank meiner magischen Schulung verlor ich nun durchaus nicht mein Bewusstsein, hatte auch kein innerliches Angstgefühl, sondern es tauchte sogar sofort in mir der Wunsch auf, dieses dämonische Antlitz festhalten zu können, in Bild oder Zeichnung.

Nach einigen Minuten verschwand das Bild im Spiegel, ich versuchte noch eine kurze Zeit, es wieder sichtbar werden zu lassen, aber vergebens.

Dann brach ich das Experiment ab. Meine gesamten Glieder waren wie abgestorben, ich fröstelte und fühlte mich etwas ermattet. Ich prüfte sofort die herrschenden Konstellationen nach, die Uhrzeit, und wiederholte dann in der darauffolgenden Woche das Experiment noch einmal. Da ich absichtlich nicht die übliche Entlassungsformel ausgesprochen hatte, hoffte ich beim zweiten Experiment auf den gleichen Erfolg.

Auch das zweite Experiment gelang. Wieder erschien das Gesicht im Spiegel. Ich versuchte, eine Beschwörungsformel zu sprechen, aber meine Zunge war gelähmt und ich konnte nur mehrmals murmeln: Erscheine – erscheine – erscheine! Aber die Wunschkraft und mein Wille waren diesmal noch stärker als beim ersten Experiment und ungeschwächter.

In den Tagen vorher hatte ich eine farbige Zeichnung angefertigt, um die Erscheinung aus dem Gedächtnis festzuhalten. Das Gesicht erschien wieder im Spiegel, mit der gleichen Klarheit. Nur war der Augenausdruck noch drohender.

Beim dritten, zur gleichen Zeit in der nächsten Woche vorgenommenen Experiment geschah etwas Sonderbares: Das Bild im Spiegel erschien nur ganz flüchtig in blassen Konturen, verschwand schnell wieder, aber zwischen dem Spiegel und dem Tisch und mir auf meinem Stuhle begann sich etwas Undefinierbares zu formen, wie eine Art Nebel. Ich verspürte eine Eiseskälte um mich und eine sehr starke körperliche Schwäche, die auch noch lange nach dem Experiment anhielt.

Wiederum sprach ich absichtlich nicht die Entlassungsformel, sondern war sogar innerlich erfreut und auch überzeugt, dass sich vor mir ein astrales Schemen gebildet hatte, welches offensichtlich versuchte, mir meine Odkräfte zu entziehen, um sich zu manifestieren.

Ich wiederholte das Experiment immer wieder. Das von mir herangezogene Wesen wurde immer sichtbarer, nicht im Spiegel, sondern es bildete sich vor mir. Allerdings musste ich feststellen, dass meine nachfolgenden Erschöpfungszustände immer stärker wurden, sodass ich erwägen musste, diese Versuche einzustellen. Außerdem erzielte ich ja keinerlei Vorteile, war nicht imstande, meine eigenen Aktivitäten zu steigern.

Oft während der folgenden Wochen hatte ich das Gefühl, nicht mehr allein im Zimmer zu sein, auch wenn ich nicht experimentierte. Wenn ich in einem Buche las, hatte ich oft das Empfinden, als stünde ein Wesen hinter mir, welches mir über die Schulter schaute. Aber immer wieder bereitete es mir eine innere Freude, nachts beim Kerzenlicht vor meiner Staffelei zu sitzen und das dämonische Antlitz, welches ich gemalt hatte, immer wieder zu ergänzen, zu vertiefen, zu verschönern. Ich empfand für dieses Wesen sogar eine Art Zuneigung. Ich war mir natürlich bewusst, dass ich auf einen Besessenheitszustand hinsteuerte, der gefährlich war.

Als ich nun in den folgenden Nächten immer stärker unter einer Art unerklärlichem Alpdrücken zu leiden hatte und mir eines Nachts eine dunkle Gestalt die Kehle zudrücken wollte, sodass ich mit großer Atemnot schreckerfüllt aufwachte, brach ich diese Experimente radikal ab.

Ich berichtete über diese Erlebnisse dem Meister unserer Loge, und er nahm von sich aus hilfsbereit mit einigen der älteren Brüder einen Exorzismus in meinem Zimmer vor. Dieser war von Erfolg gekrönt und die astralen Belästigungen hörten auf.«

Nachwort (von Gregorius):

Das von dem Maler gefertigte Originalbild wurde im Ritual des Exorzismus verbrannt. Vorher wurde es aber kopiert und in der Zeitschrift »Saturn-Gnosis« veröffentlicht.

Sonderbar ist es aber, dass der Maler im Jahre 1930 spurlos aus Berlin verschwand und trotz logenmäßiger Bindung bis heute nie wieder aufgetaucht ist. Sein weiteres Schicksal liegt also im Dunkeln.

***

Unter der magischen Evokation versteht man das Herbeirufen und eventuell gar das Sichtbarmachen feinstofflicher Wesenheiten für das physische Auge. Die magische Evokation gehört zu den Königsdisziplinen der Magie und Hermetik. Mit Sicherheit kann behauptet werden, dass derzeit nur einige wenige Menschen in der Lage sind, Wesenheiten, Engel und Intelligenzen derart evokativ zu rufen, dass die Präsenz der gerufenen Wesenheit für jeden an der Operation Beteiligten deutlich wahrnehmbar ist.

Nicht jedes hochstehende Wesen lässt sich für das physische Auge sichtbar verdichten, jedoch sollte seine Anwesenheit für jeden deutlich spürbar sein. Wird ein dem Wesenscharakter analoges (entsprechendes) Gefühl bei den Operanden ausgelöst, wäre dies beispielsweise ein Erfolgsindiz für die gelungene Evokation einer Intelligenz. Wird die gerufene Intelligenz oder Wesenheit gefühlt, bedeutet dies, dass sie quasi astral im Raume oder über dem Spiegel erschienen ist.

Das astrale Erscheinen ist die Stufe vor der materiellen, physischen, Verdichtung. Um hier ein Beispiel zu nennen: Das durch eine Evokation hervorgerufene Gefühl einer Jupiterwesenheit wäre eher befreiend, wohingegen eine Saturnwesenheit für die meisten Menschen eher ein auf der Brust drückendes Gefühl erzeugen wird. Diese unterschiedlichen Gefühle entsprechen dem jeweiligen Lebensraum (Astral- oder Planetensphäre) des herbeizitierten Wesens.

Ist der Magier in seiner Entwicklung und Charakterschulung recht weit fortgeschritten und überdies ausgeglichen, wird ihm beispielsweise die bleierne Schwere des Saturns nicht mehr als unangenehm erscheinen. Vielmehr wird er ihn als willkommenen Herrscher der Materie und Hüter der Schwelle zu den höheren Erkenntnissphären erkennen und schätzen.

Bauanleitungen für Hilfsmittel der Evokation

Zwei der wichtigsten magischen Ritualgegenstände zur Durchführung einer magischen Evokation sind das Magische Dreieck und der Magische Spiegel. Für den praktischen Gebrauch eignet sich ganz besonders eine Art von Magischem Spiegel, der bereits in Dreiecksform angefertigt wird.

Die Vorteile dieses Evokationswerkzeugs liegen größtenteils darin, dass

1. Spiegel und Dreieck eine Einheit bilden und nicht vor jeder Operation neu aufgebaut und geladen werden müssen und
2. der gesamte Spiegel sich deshalb mit jedem Gebrauch bezüglich seiner Aufladung automatisch verstärkt.

Evokationsdreieck mit integriertem Spiegel

- Besorgen Sie sich ein Uhrenglas (Hohlglas) und eine neue und ungebrauchte Sperrholz-, besser noch Vollholzplatte, aus der Sie dann ein gleichseitiges Dreieck sägen. Die Seitenlängen können je nach Geschmack und Größe des Hohlglases zwischen 30 und 100 Zentimetern variieren.
- Haben Sie das Dreieck soweit zugeschnitten, sägen Sie nur noch eine kreisrunde Öffnung in den exakten Mittelpunkt des Dreiecks, in den dann später der Hohlspiegel eingelassen wird.

A
ΠΡΙΜΕΥΜΑΤΟΝ

- Reinigen Sie nun alle vorbereiteten Gegenstände nebst Werkzeug, beispielsweise durch eine Räucherung mit Weihrauch.
- Von großem Vorteil wäre es, wenn Sie das fertig vorbereitete Dreieck mit einem flüssigen Kondensator bestreichen würden. Lassen Sie das Holz vollständig trocknen, und schleifen Sie es danach mit feinem Schmirgelpapier, bis die Oberfläche makellos glatt ist.
- Danach wird Ihr zukünftiger Spiegel mit weißer Holzfarbe/Lack deckend angestrichen. Es empfiehlt sich, mehrere dünne Anstriche vorzunehmen, anstatt einmalig die Farbe zu dick und somit sicherlich unregelmäßig aufzutragen.
- Nachdem Ihr weißer Anstrich vollständig durchgetrocknet ist, schreiben Sie mit dunkelvioletter Farbe die griechischen Namen ANAPHAXETON, TETRAGRAMMATON und PRIMEUMATON (wie in der Zeichnung dargestellt) entlang den jeweiligen Dreieckskanten. Bitte achten Sie darauf, dass ANAPHAXETON an der linken Dreiecksseite, TETRAGRAMMATON an der rechten Seite und PRIMEUMATON schließlich entlang der Basislinie steht. Entlang dem ausgesägten Kreis, in den später der Spiegel eingelassen wird, schreiben Sie den Namen des Erzengels Michael, aufgeteilt in drei Silben MI-CHA-EL in roter Farbe. Sollten Sie sich zu schwer tun, die Schrift gleichmäßig anzubringen, empfiehlt es sich unter Umständen, eine Schriftschablone zu verwenden. Diese können Sie in guten Schreibwarengeschäften oder Grafikerzubehörläden erwerben. Besonders schön und auch energetisch von Vorteil ist die Verwendung des griechischen Alphabets.
- Das Spiegelglas wird auf der nach außen gewölbten Seite – die spätere Rückseite des magischen Spiegels – mit

schwarzem Lack bestrichen. Manche Magier bevorzugen gewöhnlichen Autolack, der am besten per Sprühflasche gleichmäßig aufgetragen wird. Andere wiederum schwören auf Teerfarbe, die an sich schon einen guten Kondensator darstellt. Für denjenigen, der auch etwas tiefer in den Geldbeutel greifen will oder kann, empfiehlt es sich, die noch lackfrische und somit klebrige Oberfläche gleichmäßig mit einem festen Kondensator zu bestreuen. Ich selbst habe beispielsweise bei einem meiner Spiegel neben speziellen Substanzen im mittleren Bereich des Glases reines Goldpulver und gegen den Glasrand hin Silberpulver angebracht, um jeweils das sogenannte elektrische Fluid (Gold) und das magnetische Fluid (Silber) in meinem Spiegel zu stärken. Um den Metallstaub nochmals besser zu fixieren, empfiehlt es sich, den Schwarzanstrich per Sprühdose mindestens einmal zu wiederholen.

- Jetzt können Sie das Hohlglas, Ihren zukünftigen magischen Evokationsspiegel, in das fertige Dreieck einsetzen und am besten an der Rückseite vorsichtig mit Klebstoff fixieren. Gut eignet sich ein Heißkleber, den sie in jedem Baumarkt erwerben können. Sinnvoll ist es sicherlich auch, die Rückseite des Dreiecks mit einer entsprechend vorbereiteten weißen und etwas dünneren Bodenplatte zu versehen, um vor allem die empfindliche Spiegelrückseite zu schützen.
- Ihr fertiger Evokationsspiegel sollte nun nochmals mit Weihrauch oder Salbei kräftig beräuchert und unmittelbar danach in schwarze Seide oder Samt eingeschlagen werden. Vielleicht haben Sie ja auch Freude daran, für den Spiegel einen hölzernen Kasten zu bauen, in dem er sicher aufbewahrt werden kann.

- Lassen Sie ein paar Tage vorübergehen, bevor Sie Ihren Spiegel das erste Mal magisch nutzen.

Evokationsscheibe

Als hervorragender Evokationsspiegel bewährt sich eine Variante, die in Eingeweihtenkreisen zwar bekannt ist, von mir allerdings wesentlich modifiziert wurde. Dabei handelt es sich um zwei runde Glasplatten, die übereinander wie ein »Sandwich« gefasst oder mit Silikon verklebt werden. Es ist wichtig, dass zwischen den beiden Glasplatten ein Hohlraum entsteht, der später mit einem klaren (!) flüssigen Kondensator gefüllt wird. Wer diese Spiegelvariante für seine eigene Praxis wählen möchte und die entsprechenden finanziellen Möglichkeiten zur Verfügung hat, lässt die Glasplatten mit einem Rahmen aus reinem Silber (999er) fassen. Auf die Oberfläche (Innenseite) der oberen Glasscheibe wird vor dem Verkleben ein Dreieck in goldener Farbe (besser noch mit Golddraht) angebracht. Dieses steht dann der zu evozierenden Wesenheit als Dreiecksraum zur Verfügung.

Nachdem die Glasscheiben am Rand mittels Silikon dicht miteinander verklebt wurden, wird mittels einer Spritze behutsam der zuvor vorbereitete Kondensator in den Raum zwischen den Scheiben gefüllt. Ganz wichtig ist, dass Sie dabei darauf achten, dort keinerlei Luftblasen zu hinterlassen. Je nach Konstruktion kann es erforderlich sein, Ihren Spiegel auf der einen Seite zu füllen und an einer anderen Stelle Luft mittels einer zweiten Spritze abzuziehen. So entsteht ein Vakuum, und die Flüssigkeit füllt den gesamten Spiegel aus.

Die Zusammensetzung verschiedener Kondensatoren wurde bereits in einem früheren Kapitel dieses Buches beschrieben. Hier nochmals die metallischen Analogien:

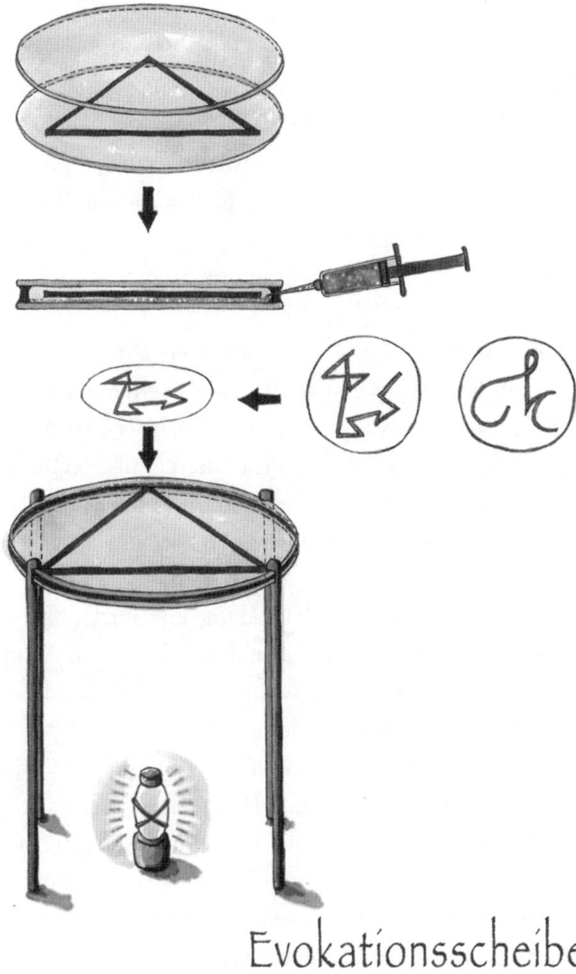

Evokationsscheibe

1.	Kether	Neptun	Aluminium
2.	Chockmah	Uranus	Zink/Platin
3.	Binah	Saturn	Blei
4.	Chesed	Jupiter	Zinn
5.	Geburah	Mars	Eisen
6.	Tifereth	Sonne	Gold
7.	Netzach	Venus	Kupfer
8.	Hod	Merkur	Quecksilber (giftig, nicht einatmen!)
9.	Jesod	Mond	Silber
10.	Malkuth	Erde	Antimonium

Darauf zu achten ist, dass – wie oben bereits erwähnt – der Kondensator klar ist. Es empfiehlt sich also ein flüssiger Kondensator, der am besten aus Quellwasser höchster Qualität und etwas Metallpulver der jeweiligen Planetenentsprechungen zusammengesetzt wird. Falls Sie nicht alle sieben bzw. acht Metalle der Planetensphären auftreiben können, empfiehlt es sich, eine Silber-Gold-Tinktur herzustellen.

Hierzu nehmen Sie ein Stück Gold und ein Stück Silber, das Sie jeweils mit einer Lötflamme rotglühend erhitzen. Werfen Sie es dann in eine mit Quellwasser gefüllte Glasschüssel. Durch den Erkaltungsprozess des glühenden Metalls werden genügend Moleküle an das Wasser abgegeben, sodass Sie einen hervorragenden Kondensator erhalten. – Es ist auch möglich, dass Sie von einer Intelligenz direkte Anweisungen für die Herstellung eines hochwirksamen Kondensators erhalten.

Der nun fertige runde Glasspiegel wird an einem siebzig Zentimeter hohen Ständer (siehe Zeichnung) befestigt. Der Vorteil dieser Konstruktion liegt darin, dass unter dem Spiegel ein farbiges Licht angebracht werden kann. So kann die

Farbschwingung durch den Glasspiegel strahlen und somit dem gerufenen Wesen den erforderlichen Umraum für sein Erscheinen bereiten.

Ohne ausreichende Lichtschwingung um den Evokationsspiegel bzw. das Dreieck herum ist (gleich wieviel Räucherung man verwendet) keinerlei Erscheinen einer Wesenheit möglich.

Der Genius Paguldez teilte mir in einer Evokation mit, dass sein Erscheinen wesentlich erleichtert werde, wenn im Raum mehrere kugelförmige Lampions in hellgrüner Farbe aufgehängt werden. So wird ihm der Umraum geschaffen, der die Brücke zwischen ihm, seiner Sphäre und dem Magier schlägt.

Den Analogiegesetzen zufolge sollte jedem Wesen, das gerufen werden soll, eine ihm angenehme und gewohnte Umraumsphäre erschaffen werden. Da Paguldez in dem Ort 13 Grad Stier herrscht, dessen Farbanalogie grün ist, spricht er natürlich von grünen Lampions, welche die seiner Sphäre analoge Farbschwingung schaffen. Der Genius Argaro, 12 Grad Jungfrau, schwingt in der braunen Lichtfarbe des Erdelements, genauso auch Algebol, 13 Grad Jungfrau, von dem das Ritual der Hermetischen Vier übermittelt wurde.

In einer Evokation am 27.08.2003 gegen 02.30 Uhr sprach der Genius Argaro zu mir: »*... Du kennst das dichte Prinzip des Erdelements. Staue Erde vor jeder Evokation in deinen Spiegel, erst danach überlagere das dichte Erdprinzip mit der Farbschwingung oder dem Sphärenfluid der von dir gerufenen Wesenheit. Dies ist das Wichtigste, was es zu sagen gibt. Wisse, die Erde trägt alle Elemente in sich, so ist es leicht, ein jedes Element, jede Farbe und jeden Ton, aus der dichten Erde zu projizieren ...*«

Vorbereitung und Durchführung einer Evokation

Bevor Sie mit irgendeiner magischen Operation beginnen, sollten Sie sich ein Notizbuch zulegen, Ihr persönliches »Buch der Formeln«. Darin verzeichnen Sie alles, was Sie geplant haben und während Ihres Rituals berücksichtigen wollen. Zur Durchführung einer magischen Evokation empfiehlt es sich, gemäß nachstehender Checkliste vorzugehen:

1. Zweck der Operation.
2. Die in Frage kommende Wesenheit, Kraft, Ebene usw.
3. Wahl des Platzes, wo die magische Operation durchgeführt wird.
4. Vorbereitung aller magischen Hilfsmittel, die für die Operation gebraucht werden.
5. Die eigentliche magische Operation.
6. Annahme der Gottform, die über dem betreffenden Wesen liegt, d.h. die Verbindung mit der betreffenden Gottheit einschließlich Attribute, Eigenschaften usw.
7. Gottverbundene Ziehung des magischen Kreises. Wird mit einem Kreis gearbeitet, der auf Leinwand, Tuch und dergleichen aufgenäht ist: Nachziehung desselben.
8. Ziehung des magischen Dreiecks. Wird ein fertiges Dreieck, wie der in diesem Buch beschriebene Evokationsspiegel, verwendet, so ist dessen Rand mit ausgestrecktem Arm und ausgestreckten Zeige- und Mittelfinger visuell nachzuziehen, so wie es auch beim Nachziehen des magischen Kreises gemacht wird.

9. Aufstellung des Räuchergefäßes einschließlich eventueller Räucherung.
10. Anzünden der magischen Lampe nebst meditativer Einstellung auf Intuition und Erleuchtung.
11. Ladung des Siegels des gewünschten Wesens.
12. Ladung des magischen Spiegels.
13. Anlegen des Gewandes und meditative Einstellung des Schutzes, der Reinheit usw., falls mit Ritualgewändern gearbeitet werden soll (im vorliegenden Buch nicht näher beschrieben).
14. Aufsetzen der Kopfbedeckung – Krone, Mütze oder Magusbinde – und Meditation auf die Gottverbundenheit (siehe Punkt 13).
15. Umgürtung mit dem magischen Gürtel mit der Einstellung der Kraft, der Beherrschung sämtlicher Kräfte, namentlich der Elemente (siehe Punkt 13).
16. Befestigen des Schwertes am magischen Gürtel mit der meditativen Einstellung des absoluten Sieges. Nochmalige Ladung mit gleichzeitiger Einstellung des magischen Stabes, den der Magier in der rechten Hand hält, dass sein absoluter Wille verwirklicht wird. (Falls mit »magischen Waffen« gearbeitet wird, siehe auch: Franz Bardon, »Die Hohe Schule der Magie«.)
17. Eintreten in den Kreis mit dem gleichzeitigen Empfinden der Verbundenheit und der Symbolisierung des Mikro- und Makrokosmos.
18. Einstellung in den magischen Raum, d.h. Ausschaltung des Zeit- und Raumbegriffes.
19. Abermalige Verbindung mit seiner Gottheit.
20. Versetzung der ganzen Persönlichkeit in die betreffende Ebene des Geistes mit allen magischen Geräten.

21. Befehl an die Kraft oder Macht der Ebene oder das Wesen, das herbeigerufen wird, und imaginative Bildung der Form, in der das gewünschte Wesen im Dreieck oder im magischen Spiegel erscheinen soll.
22. Zurückversetzung mit seinem Bewusstsein in den Arbeitsraum.
23. Befehl oder Wunsch an den Geist, was derselbe mitteilen soll oder zu verrichten hat, ganz gleich auf welcher Ebene.
24. Nach beendeter Arbeit mit dem Bewusstsein das Wesen in diejenige Sphäre zurücksenden, aus der es gerufen wurde, und Beendigung der Operation durch ein Dankgebet.
25. Aufhebung des Kreises und Verwahrung aller magischen Geräte.
26. Eintragung des Verlaufs der ganzen Operation – Zeit, Erfolg usw. – in das Buch der Formeln.

Für Evokationen geeignete Räuchermischungen

der jeweiligen Sphäre zugeordnet

Erdgürtelzone: Pulver von Salbei und Holundermark zu gleichen Teilen.
Mondsphäre: Aloe-Pulver als alleinige Droge oder verstärkt durch ein Gemisch gleicher Teile aus: Aloe, weißer Mohn, Storax, Benzoe und pulverisierter Kampfer – von letzterem nur eine kleine Prise.
Merkursphäre: Als alleiniges Räuchermittel ist Mastix zu verwenden; zur Verstärkung ein Gemisch gleicher Teile aus: Mastix, Weihrauch, Nelkenblüten, Anissamen, Wacholderholz,

Kamillenblüten und Baldrianwurzeln. Alles in pulverisiertem Zustand.
Venussphäre: Als alleiniges Räuchermittel Zimt, entweder pulverisiert oder pulverisierte Zimtblüten (Floras Kassia); zur Verstärkung ein Gemisch gleicher Teile aus: Zimt, Rosenblüten, Koriandersamen, Quendelblüten (nicht Lavendel, sondern Floras serpilli), Lilienblüten. Alles in pulverisiertem Zustand.
Sonnensphäre: Als alleiniges Räuchermittel ist Sandelholzpulver zu nehmen; zur Verstärkung ein Gemisch gleicher Teile aus: Sandelholzpulver, Myrrhe, Aloeholzpulver, Weihrauch, Safran, Nelkenblüten, Lorbeerblätter.
Marssphäre: Als alleiniges Räuchermittel kommt pulverisierter Zwiebelsamen in Betracht; zur Verstärkung: Zwiebelsamen, Brenn-nesselblätter, Senfkörner (Senfkörnersamen), Hanfsamen, Rautenblätter und Pfefferminzblätter. Alles zu gleichen Teilen, pulverisiert.
Jupitersphäre: Als alleiniges Räuchermittel wird pulverisierter Safran verwendet; zur Verstärkung ein Gemisch gleicher Teile aus: Safran, Leinsamen, Veilchenwurzel, Pfingstrosenblüten, Begonienblätter und Birkenblätter. Alles in pulverisiertem Zustand.
Saturnsphäre: Als alleiniges Räuchermittel wird schwarzer Mohnsamen in pulverisierter Form verwendet; zur Verstärkung ein Gemisch gleicher Teile aus: Schwarzer Mohnsamen, Weidenblätter, Rautenblätter, Farnkraut, Kümmel, Fenchelsamen. Alles in pulverisiertem Zustand.

Für alle weiteren Sphären gilt als Behelf ein Universalgemisch aus: Weihrauch, Myrrhe, Storax, Benzoe und Aloe. Alles zu gleichen Teilen, pulverisiert.

Die Siegel der Wesenheiten

Ein Siegel ist die »Unterschrift« einer Wesenheit, über die der Adept direkten Kontakt mit der Wesenheit selbst herstellen kann. Viele in alten Schriften veröffentlichten Siegel und Zeichen sind verfälscht und unbrauchbar. Das nach wie vor umfangreichste und beste Werk der magischen Literatur ist »Die Praxis der magischen Evokation« von Franz Bardon. Die dort genannten Siegelzeichen sind weitestgehend korrekt abgebildet und – folgt man Bardons Anweisungen – unbedenklich für den Übenden.

Im weiteren Verlauf des vorliegenden Buches habe ich Siegelzeichen abgebildet, mit denen der Leser sich vorab begnügen möge. Die mit diesen Siegeln verbundenen Genien der Erdgürtelzone sind mit derartiger Macht und einem solchen Wissen ausgestattet, dass sich niemand, der noch keinen Kontakt erreicht hat, eine Vorstellung davon machen kann. Verspürt der Leser den Wunsch, auch mit anderen Genien und Intelligenzen in Kontakt zu treten, so wird er auf die entsprechenden Siegelzeichen und Anrufungen stoßen oder sie direkt von einem der nachstehend genannten Genien erhalten.

Für die Evokation sind die Siegelzeichen in der entsprechenden Farbe der zu rufenden Wesenheit auf ein Fließpapier zu zeichnen, das zuvor mit einem der Sphäre entsprechenden flüssigen Kondensator bestrichen wurde. Danach ist das Siegel durch Wunschkonzentration mit den Eigenschaften und der Farbschwingung der zu rufenden Wesenheit zu imprägnieren. Vor der Evokation wird das vorbereitete Siegel in das magische Dreieck (respektive in den Spiegel) gelegt.

Arbeiten Sie statt mit einem Schwarzspiegel oder ähnlichem mit der Evokationsscheibe, dann empfiehlt es sich, das Siegel auf durchsichtige Folie zu zeichnen. So kann die Licht- und Farbstrahlung der unter der Scheibe stehenden Lampe das Siegel durchdringen und nach oben weiterstrahlen.

Für die einzelnen Sphären wird das Fließpapier in folgender Form verwendet:

- Saturnsphäre: Dreieck
- Jupitersphäre: Viereck
- Marssphäre: Fünfeck
- Sonnensphäre: Sechseck
- Venussphäre: Siebeneck
- Merkursphäre: Achteck
- Mondsphäre: Neuneck

Für die Erdgürtelzone und für alle anderen, hier nicht genannten Sphären wird für das Siegel eine kreisrunde Form gewählt.

Der magische Kreis

In nahezu jedem Buch magischen Inhalts ist vom magischen Kreis die Rede, den der Ritualmagier um sich ziehen soll. Meist fehlt jedoch die Erklärung und das Verständnis der Symbolik des Kreises. Generell liest man überall nach, dass es sich um eine Art von Schutz handelt, der von keinem negativen Wesen überschritten werden kann. Tatsächlich ist es jedoch so, dass der Kreis das Universum, den Mikrokosmos des Magiers darstellt, in dessen Mittelpunkt er als Zentrum und Vertreter

Gottes selbst steht. Magier und Kreis sind demnach das »kleine Abbild« Gottes und des makrokosmischen Universums.

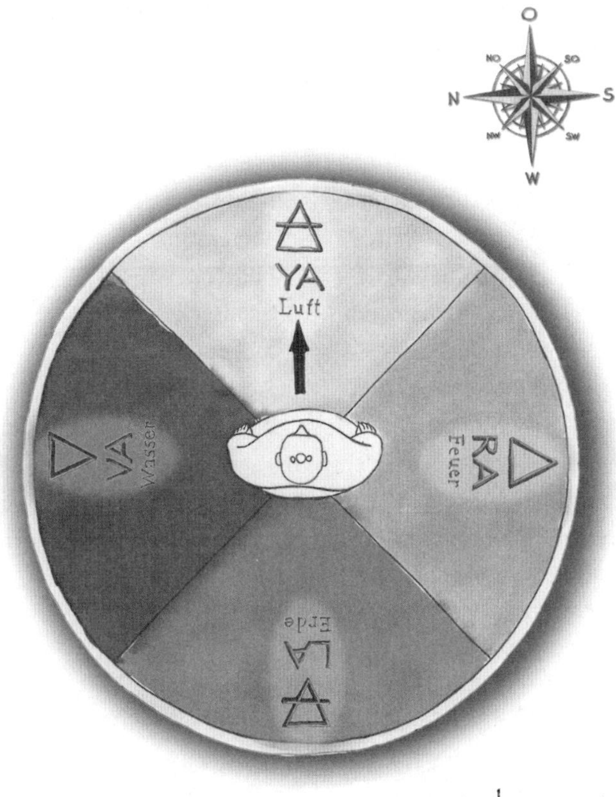

Magischer Kreis

Wirkliche Schutzwirkung hat ein vom Magier gezogener Kreis erst dann, wenn der Magier es fertigbringt, sich bewusstseinsmäßig als Abbild und Vertreter Gottes zu sehen und zu fühlen. Will ein Magier sich an den Versuch einer magischen

Evokation wagen, so wird diese nur gelingen, wenn der Magier imstande ist, seinen Kosmos im Zustand eines höheren Bewusstseins symbolisch um sich zu ziehen.

Je nach Sphäre, aus der ein Magier eine Wesenheit herauszitieren will, eignen sich graphische Darstellungen als Bewusstseinsstütze. Werden Wesenheiten aus der Erdgürtelzone gerufen, so sind am besten zehn Lämpchen – die Zahl des Erdreichs – um den Kreis herum aufzustellen; für die Mondzone sind es neun Lämpchen, für die Merkurzone acht, die Venuszone sieben, die Sonnenzone sechs, die Marszone fünf, die Jupiterzone vier und die Saturnzone drei.

Um dem Leser ein noch besseres Verständnis für die praktische Durchführung einer Evokation zu geben, führe ich nachstehend eine Anleitung nach Franz Bardon auf, welche die Anrufung des weiblichen Engels Hagiel beschreibt (aus: »Die Praxis der magischen Evokation«):

***

Die folgenden Angaben beziehen sich lediglich auf das Wichtigste einer praktischen Evokation und gestatten daher ausnahmslos jedem Magier, wahre magische Evokationen vorzunehmen.

Der Magier ist an keinen bestimmten Ort gebunden und kann das Rufen eines Wesens gerade so gut in einem Zimmer wie in einer Küche vornehmen, ja sogar eine Bodenkammer oder ein geeigneter Platz im Keller eignen sich ebenso gut für eine störungsfreie Durchführung der Evokation. Bietet sich dem Magier keine von diesen Möglichkeiten, dann braucht er bloß einen einsamen Ort im Freien aufzusuchen, wo er die Gewissheit hat, dass er von niemand beobachtet wird, somit ungestört arbeiten kann.

Des leichteren Verständnisses wegen habe ich als Beispiel für eine Evokation die Venusintelligenz namens Hagiel gewählt. Bei anderen Wesen und Intelligenzen wird der Magier natürlich ebenso vorgehen, nur muss er stets die Analogiegesetze der einzelnen Sphären in Bezug auf die Farben-Licht-Stauung berücksichtigen.

Bevor der Magier an die eigentliche Evokation herangeht, muss er – außer dass er über einen schon vorher präzis ausgearbeiteten Plan verfügen muss – schon im voraus genau wissen, aus welcher Ebene oder Sphäre er ein Wesen, eine Intelligenz, zu rufen beabsichtigt und was er von dem Wesen verlangen will.

Nehmen wir nun an, dass sich der Magier die Venusintelligenz Hagiel für seine Evokation ausgesucht hat und von ihr Glück und Erfolg in einer seiner Unternehmungen verlangt, wo er die Freundschaft oder Sympathie einer bestimmten Person vonnöten hat. Für diesen Zweck eignet sich die Venusintelligenz ausgezeichnet, da ihr sämtliche Angelegenheiten der Freundschaft, Liebe, des Erfolges und Glückes zustehen.

Noch vor Beginn der Evokation nimmt der Magier ein Bad oder reinigt wenigstens seinen Körper, denn ungepflegt soll man keine Evokation eines reinen Wesens vornehmen und namentlich nicht die einer hohen und guten Intelligenz. Eine Evokation verlangt nicht nur einen reinen Geist und eine reine Seele, sondern auch einen reinen Körper. Besteht keine Möglichkeit, zu baden oder den ganzen Körper zu waschen, dann muss sich der Magier wenigstens die Hände sorgfältig abwaschen. Diese Möglichkeit hat wohl jeder und darf sie unter keinen Umständen außer acht lassen. Beim Waschen ist daran zu denken, dass alle ungünstigen körperlichen und seelischen Einflüsse mit dem Wasser abfließen.

Auf diese Weise vorbereitet, entnimmt der Magier dem Aufbewahrungsort der Reihe nach alle seine magischen Geräte und legt diese auf ein reines, am besten ganz neues Tuch, das eigens für diesen Zweck am Aufbewahrungsort bereitliegt und nur dazu dient, die Geräte vor Staub zu schützen.

Nun müssen Sie sich innerlich mit dem göttlichen Prinzip derart verbinden, dass Sie sich direkt als Gottheit empfinden. Auf diese Weise vorbereitet, sind Sie fähig, zur weiteren Etappe der Operation überzugehen.

Sie zünden nun die magische Lampe an, die in unserem Fall ein hellgrünes Licht (das Sphärenlicht der Venuszone) in den Raum werfen muss. Die magische Lampe stellen Sie so auf, dass Sie rundherum den Kreis ziehen können, oder Sie hängen die Lampe in der Mitte des Raumes auf. Damit ist natürlich nicht gesagt, dass die Lampe genau in der Mitte sein muss, es hat aber den Vorteil, dass dadurch der Raum gleichmäßig beleuchtet wird.

Als nächste Aufgabe folgt die Aufstellung und Imprägnierung des magischen Spiegels, eventuell auch der zwei, falls Sie mit zwei Spiegeln arbeiten. In diesem Beispiel führe ich die Anleitung mit zwei Spiegeln an. Durch einen Spiegel soll die Materialisierung Hagiels auf der grobstofflichen Ebene zustande kommen. Der zweite Spiegel soll unerwünschte Einflüsse fernhalten.

Indem Sie sich dessen bewusst sind, dass nicht Sie, sondern die Gottheit in Ihnen den Vorgang vollführt, imaginieren Sie ein großes Lichtmeer in wunderschöner smaragdgrüner Farbe, welche Sie imaginativ aus dem ganzen Universum mit Hilfe der Lichtkraftstauung derart im Spiegel verdichten, dass die ganze Spiegelfläche von dieser Farbe eingenommen wird. Die Strahlkraft der verdichteten grünen Lichtstauung muss sich auf den ganzen Raum, in dem Sie arbeiten, ausdehnen. Sie müssen dabei die imaginative Vorstellung haben, dass diese Lichtstauung eine tatsächliche Kraftmatrize, ein dem physischen Auge fast sichtbares Fluid ist. Allenfalls müssen Sie dabei dauernd das Empfinden haben, dass Sie sich im Raum in der grünen Lichtschwingung befinden und bewegen.

Auf diese Art und Weise ist der Raum für das zu rufende Wesen magisch vorbereitet, und ihm stehen keinerlei Hindernisse mehr im Weg, seine Sphäre zu empfinden. Schon bei der Stauung konzentrieren Sie sich darauf, dass die Stauung die Aufgabe hat, das gerufene Wesen automatisch so zu verdichten, dass Sie es mit dem physischen Auge sehen und mit dem physischen Ohr vernehmen. Je stärker die Imagination, je fester der Glaube, der Wille und die Überzeugung, desto stärker verdichtet und wahrheitsgetreu wird Ihnen Hagiel erscheinen.

Vergessen Sie nicht bei der Raumimprägnierung, den Wunsch mit einzulegen, dass die gestaute planetarische Lichtkraft so lange im Spiegel und im Raum wirksam bleibe, bis Sie dieselbe mit Ihrer Imagination wieder auflösen.

Nun gehen Sie dazu über, den zweiten Spiegel zu imprägnieren, indem Sie ihn mit dem Akasha-Prinzip laden. In die mit einem fluidischen Kondensator bestrichene Spiegeloberfläche legen Sie imaginativ die Wunschvorstellung, dass kein einziges störendes Wesen, keine unerwünschte Kraft oder dergleichen in Ihren Arbeitsraum – Evokationsraum – eindringe. Damit haben Sie die zweite Etappe der Evokation absolviert, und der Raum, in dem Sie arbeiten, ist zweckentsprechend imprägniert.

Sie haben aber noch eine andere Möglichkeit, und zwar können Sie den Spiegel, den Sie für die Abschirmung unerwünschter Einflüsse vorgesehen haben, mit dem Wunsch imprägnieren, dass das gewünschte Wesen in diesem Spiegel erscheinen soll. Die Imprägnierung muss natürlich die Lichtstauung in der planetarischen Farbe haben. In unserem Fall ist es die grüne Farbe.

Nehmen Sie nun ein Stück Fließpapier, und schneiden Sie es siebeneckig zu. In die Mitte zeichnen Sie entweder mit grüner Tusche oder mit einem grünen Farbstift das Siegel Hagiels ein (siehe Abbildung). Über dieses siebeneckige Siegel fahren Sie entweder mit dem magischen Stab oder mit dem Finger und konzentrieren die Eigenschaften Hagiels, die Glück, Liebe, Freundschaft sind, in das Siegel hinein. Das Fließpapier können Sie noch vor der Operation mit einem fluidischen Kondensator tränken und es trocknen lassen.

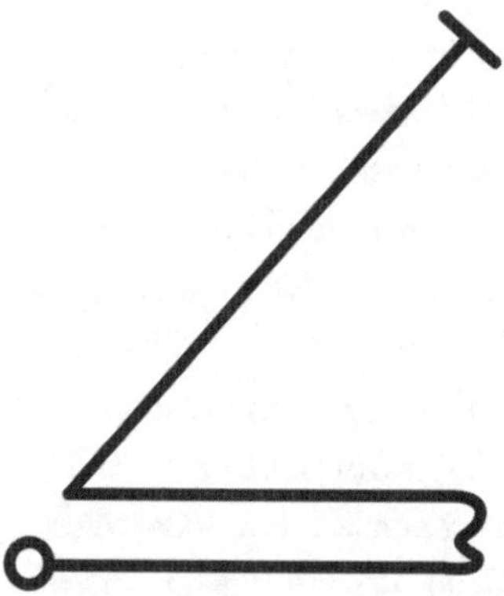

Hagiel

Ferner konzentrieren Sie sich darauf, dass diese Intelligenz mit dem Zeichen in Verbindung steht, auf dasselbe jederzeit reagiert und den Willen des Magiers, also Ihren Willen, stets auszuführen gewillt ist. Seien Sie sich dessen voll bewusst, dass nicht Sie, sondern die Gottheit das betreffende Zeichen zieht, und demnach die Intelligenz der Gottheit absoluten Gehorsam leistet. Bei dieser meditativen Einstellung ist ein Misserfolg von vornherein ausgeschlossen.

Ihr Siegel ist hiermit fertig, und Sie bereiten nun den Kreis und das Dreieck vor. Falls Sie einen auf Tuch ausgenähten oder auf Papier gemalten Kreis haben, legen Sie denselben nebst dem Dreieck auf den Fußboden und überfahren mit dem magischen Stab oder mit der rechten Hand oder mit einem Finger der rechten

Hand nochmals alle Kreislinien mit der meditativen Einstellung, dass Sie die Ewigkeit, den Mikro- und Makrokosmos, darstellen und somit das Universum im Großen und im Kleinen symbolisch ausdrücken. Der Kreis, dessen Mitte Sie beim Rufen der Intelligenz einnehmen müssen, ist für Sie die kleine und die große Welt. Die meditative Einstellung muss so stark sein, dass kein anderer Gedanke in Ihnen Platz greift.

Ebenso verfahren Sie beim Nachziehen des Dreiecks, das die dreidimensionale Welt, das ist die geistige, astrale und die grobstoffliche, symbolisiert. Dass die in das Dreieck zu rufende Intelligenz nicht nur mentalisch, sondern auch astralisch und grobstofflich erscheinen soll, ist bei der meditativen Einstellung auf das Dreieck zu berücksichtigen. Die Vorstellung beim Ziehen – Nachziehen – des magischen Dreiecks ist gerade so notwendig und wichtig wie das Ziehen – Nachziehen – des magischen Kreises. Der Magier bestimmt hierbei die Form und den Wirkungsbereich der zu erscheinenden Intelligenz. Würde er dies unterlassen, erschiene ihm Hagiel nur mentalisch, wäre also nur in Gedanken zugegen, und eine Manifestierung Hagiels sowohl im Erscheinen als auch im Einfluss käme natürlich nicht zustande.

Sind auch diese Vorbereitungen alle getroffen, legen Sie das Dreieck vor den Kreis und geben das vorbereitete Siegel in die Mitte des Dreiecks. Manche Magier verstärken die dreidimensionale Wirkung des zu erscheinenden Wesens dadurch, dass sie in jede Ecke des Dreiecks ein Spirituslämpchen stellen und anzünden. Der Brennstoff ist ein Spiritus-Kamillen-Auszug, somit schon ein fluidischer Kondensator, in dem der Magier die Wunschimagination der Verdichtung für die dreidimensionale Welt bereits vorgenommen hatte. Beim Brennen der Lämpchen, die mit kleinen Dochten versehen sind und Laboratoriums-Spirituslämpchen ähneln, geht durch die allmähliche Verdunstung des Brennstoffes auch die ein-

konzentrierte Imaginationskraft in den Raum und unterstützt die Materialisierung des gerufenen Wesens.

Unbedingt notwendig ist das Aufstellen der Spirituslämpchen nicht, aber es ist – namentlich für den Anfänger – ein guter Behelf, denn ein Anfänger in Evokationen benötigt viel mehr Bewusstseinsstützen als ein in diesen Arbeiten schon erfahrener Magier. Anfänger können solche Lämpchen nicht nur im Dreieck, sondern auch rings im Kreise in gleichen Abständen aufstellen. Die Anzahl der im Kreis aufzustellenden Lämpchen richtet sich stets nach der Zahl, die dem betreffenden Planeten analog ist. In unserem Fall handelt es sich um eine Intelligenz aus der Venussphäre, der die Zahl Sieben zusteht.

Der Magier kann im Kreis auch die Elemente symbolisieren und braucht dann nur vier Lämpchen aufzustellen. Als das fünfte Element, das Akasha-Prinzip, steht er selbst in der Mitte des Kreises (siehe auch das »Ritual der Hermetischen Vier« im nächsten Kapitel). *Bei Aufstellung der Lämpchen berücksichtigt der Magier die vier Weltrichtungen und stellt im Kreis je ein Lämpchen im Osten, Westen, Süden und Norden auf. Es bleibt ihm vollkommen überlassen, durch die Lämpchen entweder die planetarische Zahl zum Ausdruck zu bringen oder die Elemente symbolisch darzustellen.*

Es ist nun das Räuchergefäß an der Reihe. Dieses stellt der Magier entweder zwischen den Kreis und das Dreieck oder direkt in das Dreieck hinein. In das Räuchergefäß kommt entweder glühende Holzkohle, ein Spiritusflämmchen oder eine Kerze, oberhalb mit einem kleinen Ständer versehen, auf dem ein Kupferblech angebracht ist, das von der Flamme erhitzt wird.

Das Räucherpulver muss stets der Sphäre des Wesens zusagen. Da es sich in unserem Fall um eine Venus-Intelligenz handelt, genügt als Räucherpulver gemahlene Zimtrinde. Von diesem Räu-

chermittel nimmt man gerade so viel, dass der ganze Raum schwach nach Zimt duftet.

Bei jeder Räucherung wird sowohl von den einzelnen Drogen als auch vom Pulvergemisch nur eine kleine Messerspitze für je eine Evokation genommen. Es ist nicht notwendig, den Arbeitsraum des Magiers jeweils so stark auszuräuchern, dass Qualm entsteht, und es genügt vollkommen, den Raum mit den Düften der betreffenden Drogen zu aromatisieren.

Hiermit ist eine weitere Etappe der Evokation erreicht worden, und Sie können zur direkten Anrufung übergehen. Da es sich in unserem und den weiter beschriebenen Beispielen um positive Wesen handelt, können Sie auf ein magisches Schwert verzichten. Für ein gutes Wesen, ohne Unterschied, aus welcher Sphäre es kommt, wird selten ein Schwert oder ein Dolch notwendig sein. Würde es sich dagegen um ein dämonisches Wesen handeln, dann müssten Sie das Schwert oder den Dolch als Zeichen des Sieges in der rechten Hand halten und den magischen Stab in die linke Hand nehmen.

Nehmen Sie in Ihre rechte Hand den magischen Stab (auch dieser ist nicht unbedingt erforderlich), stellen Sie sich in die Mitte des Kreises und konzentrieren Sie sich darauf, dass Sie der Mittelpunkt, also Gott selbst sind, Herr über alle Sphären, und dass Sie sich mit ihrem Allbewusstsein im gleichen Augenblick in der Venussphäre befinden. Als göttliches Prinzip rufen Sie in Gedanken die Intelligenz Hagiel, wie wenn Sie den Namen in Gedanken durch die ganze Venussphäre rufen würden. Sie müssen davon überzeugt sein, dass das Aussprechen des Namens die ganze Venussphäre durchdringt und dass Hagiel, Sie als ihren Gott anerkennend, hört.

In dieser Spannung verharren Sie einige Augenblicke, worauf Ihr Geist sofort vernehmen wird, dass Hagiel Ihnen im Geiste antwortet. Da Sie sich mit Ihrem Allbewusstsein in der Venus-

sphäre befinden, werden Sie anfänglich die Stimme Hagiels so vernehmen, wie wenn sie aus der innersten Tiefe Ihres eigenen Geistes kommen würde.

Sobald Sie die Stimme Hagiels vernehmen und dessen sicher sind, dass Ihr Geist das Wesen sieht, kehren Sie mit der Aufrechterhaltung des Gottesbewusstseins in Ihre Seele zurück, und in Ihrem physischen Körper fühlen Sie sich mit Ihrer Seele wieder verbunden. Im Flüsterton rufen Sie abermals Hagiel und wiederholen den Namen auf gleiche Weise einige Male. Sogleich werden Sie empfinden, dass sich Hagiel in ihrer astralischen Atmosphäre und somit schon in Ihrem Raum befindet. Sind Ihre Arbeiten so weit fortgeschritten, dass sich Hagiel in Ihrem Arbeitsraum, und zwar über dem Siegel, befindet, dann rufen Sie halblaut oder laut, Hagiel möge Ihnen auch grobstofflich erscheinen.

Vergessen Sie beim Übergang aus der astralen in die grobstoffliche Welt niemals, sich in Ihrer Persönlichkeit aller drei Daseinsformen zu vergewissern, sodass Sie sich als Geist mit dem Astralkörper verbunden fühlen und sich mit beiden gleichzeitig im grobstofflichen Körper empfinden. Diese Vergewisserung trägt namentlich dazu bei, dass das Wesen Ihrem Gedankengang folgt und sich aus der eigenen Sphäre in jene Sphäre begibt, die Sie dem Wesen in Ihrem Arbeitsraum vorbereitet haben. Das Wesen erscheint somit mentalisch, astralisch, und je nach Ihrer Materialisationsfähigkeit nimmt es auch einen grobstofflich verdichteten Körper an.

In Ihrem magischen Dreieck können Sie nun Hagiel sehen und hören oder, falls Sie für das Erscheinen dieser Intelligenz den magischen Spiegel entsprechend präparierten, Hagiel wird in Ihrer symbolischen Darstellung den Eigenschaften der Venussphäre gemäß im Spiegel erscheinen, sodass Sie den Kontakt bewusst herstellen können.

Hagiel erscheint in Gestalt einer Königin mit wunderschönem

Antlitz, klaren Augen und einem schön geformten Körper. Gekleidet ist sie in ein grünes, mit Gold besticktes Gewand, und ihr Haupt schmückt eine königliche Krone. Ihre Stimme ist so lieblich, dass es sich nicht beschreiben lässt, und jedermann müsste in Hagiel die verkörperte Schönheit erblicken. Jetzt liegt es an Ihnen, Ihr Anliegen dieser Intelligenz vorzubringen. Falls Sie des öfteren einen Kontakt mit Hagiel herzustellen beabsichtigen, dann vergessen Sie nicht, schon bei dieser ersten Begegnung zu vereinbaren, auf welche einfache Art und Weise Sie dieses hohe und schöne Wesen rufen können.

Liegt es in Ihrem Interesse, so können Sie auch die Untergebenen Hagiels gewinnen. Diese werden dann dem Magier gewöhnlich in weiblichen Gestalten zur Verfügung gestellt. Auch die Untergebenen der Venuskönigin sind mit einer berückenden Schönheit ausgestattet, wovon sich der Magier ja selbst überzeugen wird.

Bei solchen Evokationen können die mannigfaltigsten Erfahrungen gewonnen werden. Haben Sie mit Hagiel alles vereinbart und hat sie versprochen, Ihre Wünsche zu erfüllen, so können Sie versichert sein, dass sie dem gegebenen Versprechen auch wirklich nachkommen wird.

Es bleibt nur noch, die Abdankung dieser Intelligenz vorzunehmen. Sie bedanken sich ganz individuell, indem Sie z.B. Ihre Freude darüber ausdrücken, dass Hagiel Sie als vollkommenen Magier anerkennt und Ihnen Gehorsam leistet und bitten die Intelligenz, wieder in ihre eigene Sphäre zurückzukehren. Mit Ihrem Allbewusstsein versetzen Sie sich in die Venussphäre und denken mittels Imagination, dass sich Hagiel aus der in Ihrem Raum befindlichen Teilsphäre in ihre Heimstätte zurückversetzt.

Nach Absolvierung dieses meditativen Vorganges kehren Sie aus Ihrem Allbewusstsein in das normale Bewusstsein als Magier wieder zurück, womit Ihre Evokation beendet ist. Mittels Imagination lösen Sie die Lichtstauung, die zu Beginn der Evokation getätigt wurde, im Universum auf, nehmen das Siegel aus dem Dreieck und heben es gut auf. Aus dem Kreis können Sie gefahrlos heraustreten, die Lämpchen auslöschen usw. Alle magischen Geräte und Hilfsmittel kommen an ihren Aufbewahrungsort zurück.

Sind Ihnen von Hagiel irgendwelche speziellen Lehren anvertraut worden, die Sie sich nicht aufschreiben, sondern nur merken sollen und lediglich für sich zu behalten haben, dann müssen Sie diesen Wunsch respektieren. Andernfalls notieren Sie den Vorgang der ganzen Evokation in Ihr Tagebuch, damit Sie eine Kontrolle, sozusagen ein Nachschlagebuch, über Ihre Arbeiten haben.

Auf die gleiche Art und Weise, wie hier mit Hagiel beschrieben, können Sie mit einer jeden Wesenheit jeglicher Sphäre verfahren. Mit der Zeit werden Sie auch hierin Meister und sammeln auch auf diesem Gebiet reiche Erfahrungen. Die Beschreibung der Praxis einer magischen Evokation ist hiermit beendet.

Kapitel 12

Zeremonie der Anrufung

Kurz vor der Fertigstellung der deutschen Erstauflage des vorliegenden Buches erhielt ich von den »Meistern der Inneren Schule« die Aufforderung, ein komplett ausgearbeitetes Ritual zur Anrufung der Genien und Engel auszuarbeiten und zu veröffentlichen. So habe ich mich im August 2003 mit dem Engel Algebol verbunden und erhielt als Ergebnis ein ausführliches Zeremoniell, welches in einer älteren und ähnlichen Fassung bereits von der »Adonistischen Gesellschaft« verwendet wurde, die seinerzeit Dr. phil. Franz Sättler (1884–1942), ein Bekannter Franz Bardons, ins Leben rief.

Am Sonntag, dem 12.September 2004 um 16:48 Uhr setzte ich mich mit dem Genius Algebol in Verbindung. Er diktierte mir dann eine neue Anrufung, die effektiver und unkomplizierter war, als die bereits vorliegende. Diese Version soll nun letztere ersetzen. Folgt der geistig reife Leser Algebols Rat, so kann er eine Brücke zwischen der menschlichen Welt und der Welten der Genien und Engel schlagen. Auf diese Weise kann er viele Erkenntnisse gewinnen und großen Nutzen bringen.

Der Leser sollte den nachfolgenden Ritualtext mit Respekt und Achtung behandeln. Dies insbesondere deshalb, weil er nicht meinem Verstand entstammt, sondern Ergebnis des medialen Diktats durch den Genius Algebol selbst ist.

Speziell für das vorliegende Buch wurde von den Meistern

der Inneren Welt die Empfehlung ausgesprochen, die Evokation des Genius der Erdgürtelzone – Paguldez – zu beschreiben, der selbst ein hervorragender Lehrer der Magie ist. Als ich nicht sicher war, in welcher Weise ich die Evokation für dieses Buch am besten beschreiben könnte, befragte ich Paguldez, der mir mit folgenden Worten beistand: »... Ich grüße Euch, Ihr Meister der Hermetik. Ich habe gewartet auf Euren Ruf. Die Träume, die ich sende Euch, sind Lehren meiner Welten. Ja, die Kraft des Spiegels sollt Ihr kennenlernen. Teilt dieses Wissen mit Eurer Welt und Euren Brüdern. Es ist die Zeit, die Schweigen bricht. So kommt uns näher – der Neuen Zeit entgegen. Übt mit dem Spiegel drei Tag und drei Nacht, wollt Ihr segensreich manifestieren. Es schlägt dann die Brücke in unser beider Reich, und Ihr empfangt die Lehren.«

Über die beiden Genien schreibt Bardon in die »Praxis der Magischen Evokation«:

***

ALGEBOL
(13 GRAD JUNGFRAU, SIEGELFARBE: BRAUN)
Algebol ist Wisser und Lenker aller traditionellen Kulthandlungen, Rituale und Zeremonien sämtlicher Religionssysteme. Mit Recht könnte dieser Vorsteher als Zeremonialmeister angesehen werden. Den Magier macht er mit sämtlichen Zeremonien, Ritualen und Gebräuchen bekannt, die jemals eine Religion oder Sekte hatte und z.Z. noch hat, und klärt ihn gleichzeitig über den geheimen Sinn auf. Dadurch gibt er dem Magier die Möglichkeit, den wahren magischen Wert, die Kraft oder Dynamide eines Rituals oder einer Zeremonie kennenzulernen.

PAGULDEZ (13 GRAD STIER, SIEGELFARBE: GRÜN)

Paguldez ist ein ausgezeichneter Initiator aller Formen der Naturmagie. Kommt der Magier mit diesem Vorsteher in Verbindung, so lernt er von ihm, wie er durch natürliche Mittel verschiedene Kräfte in Bewegung setzen, verschiedene Ursachen und somit Wirkungen schaffen kann, die fast ans Unnatürliche grenzen. Auf besonderen Wunsch vertraut dieser Vorsteher dem Magier an, auf welche Weise er verschiedene Naturphänomene hervorrufen kann.

Kopiervorlage

Paguldez
13° Stier
Farbe: grün

Kopiervorlage

Algebol
13° Jungfrau
Farbe: braun

Ich möchte noch einen wichtigen Hinweis geben und meine Leser auf mögliche Nebenwirkungen des Rituals aufmerksam machen. Es kann durchaus (und nicht eben selten) geschehen, dass sich auch ungerufene und unerwünschte Wesen oder Verstorbene dem magischen Kreis nähern und die Evokation stören oder auf eine andere Art beeinflussen.

Daher sollte bei jeder Anrufung geprüft werden, ob es sich bei der erscheinenden Präsenz tatsächlich um die gewünschte und gerufene Wesenheit und nicht um ein Wunschelementar oder gar ein Foppgeist handelt. Hohe Wesenheiten – andere zu rufen wäre mehr als nutzlos – geben stets klare Antworten auf klar gestellte Fragen. Auf die Frage »Bist Du Paguldez?« kommt ein klares »Ja«. Ausflüchte und Um-den-heißen-Brei-Herumreden verrät die Wesenheit als falsch. Eine solche ist augenblicklich, eventuell mit der Schwertspitze oder dem magischen Stab, zu bannen!

Gerade in diesem Punkt der Täuschung scheitern oft die besten Medien (Channels), da nur wenige tatsächlich jeden Kontakt genauestens prüfen. Wie viele Channelmedien gibt es, die einen Michael »in der Leitung« haben und diesen dann aufgrund Ihrer eigenen Wunschvorstellung mit dem Erzengel verwechseln? Dass es einem Verstorbenen oder einem Astralwesen wahre Freude bereiten kann, sich als Erzengel ansprechen zu lassen und sich dabei von der Lebenskraft des Mediums zu nähren, dürfte dem Leser einleuchten.

Rufen Sie anfangs deshalb mit dem von mir beschriebenen Anrufung keine andere Wesenheit oder Intelligenz an als Paguldez! Er persönlich wird Sie darin unterstützen, dass Sie auf dem Weg Ihrer Einweihung sicher und geschützt pilgern können. Paguldez wird Ihnen dann auch den Hinweis geben, wann und mit welcher Intelligenz das Weiterarbeiten empfehlenswert ist. Dass dies natürlich eine ganz individuelle, der Reife des einzelnen Lesers und zukünftigen Adepten entsprechende Führung sein wird, liegt ebenfalls auf der Hand.

Vorbereitung und Anmerkungen

Nur Meister eines Elements sind dazu berechtigt, eine wahre Evokation durchzuführen. (Führt ein Einzelner das Ritual allein durch, setzt dies das Beherrschen aller vier Elemente gleichzeitig voraus). Diesen widerfahren durch die Wirkungen und die Beeinflussung der Elemente keinerlei Schwierigkeiten, und sie können sich auch der physischen (grobstofflichen) Wirkung des entsprechenden Elements stellen.

Wer z.B. Angst hat, bei stürmischem Wetter auf einer hohen Bergspitze zu wandern, oder sich fürchtet, über eine hohe und schmale Hängebrücke zu gehen, so wie sie oft im Himalaya zu finden sind, kann nicht behaupten, Meister des Luftelements zu sein. Wer sich davor fürchtet, sich beim Feuerlauf die Füße zu verbrennen, ist kein Meister des Feuerelements. Wer Angst vor dem Wasser hat oder nicht tauchen will, beherrscht nicht das Wasserelement; und wer sich vor einer Höhlenbegehung fürchtet, ist fern davon, das Erdelement zu meistern.

So möge sich der Leser genauestens prüfen, ob er sich selbst als Meister der vier Elemente bezeichnen kann. Natürlich wird niemand verlangen oder erwarten, dass Sie mit nacktem Körper meditierend den Schnee um sich herum zum Schmelzen bringen oder bei Minusgraden nasse Handtücher auf Ihrem nackten Oberkörper trocknen lassen. In derlei sind die Mönche einiger buddhistischer oder Bönpo[14]-Klöster Tibets große Meister, wovon sich jeder Himalaya-Reisende selbst überzeugen kann.

Der magische Kreis ist, wie in der Zeichnung dargestellt, für die gegebene Anrufung mit zehn Teelichtern oder besser noch Spirituslämpchen darzustellen. Eine hervorragende Wirkung kann man erzielen, wenn man zuvor Kamillenblüten im Spiritus ziehen lässt, wodurch er zu einem hervorragenden fluidischen Kondensator wird. Dieser so präparierte Spiritus wird dann mittels Lichtkraftstauung aufgeladen.

Ob Sie entschließen, Ritualkleidung anzulegen oder nicht, liegt ganz in Ihrem eigenen Ermessen und sollte Ihrer individuellen Tradition entsprechen. Vor dem magischen Kreis bringen Sie in Richtung *Osten* die Evokationstafel bzw. das Evokationsdreieck mit Spiegel an, so wie es im vorherigen Kapitel beschrieben wurde. Die Spitze des Evokationsdreiecks zeigt vom Kreis weg. In die *Mitte* des Kreises wird ein kleiner Altar positioniert, auf dem die Lampe der Mitte – ein Tee- oder Spirituslicht mit dunkelviolettem (magentafarbenem) Lampenschirm – aufgestellt wird. Sie symbolisiert das Akasha-Prinzip, aus dem alle Elemente entstehen. Hinter den Altar können Sie einen Stuhl stellen, auf dem Sie in bequemer aber aufrechter Haltung sitzen können. Ihr Rücken zeigt dabei gen Westen, Ihr Blick gen Osten.

Die Elemente können nach der Hermetischen Tradition folgendermaßen dargestellt werden:

Feuer: Schwert und Licht *(manchmal auch Stab)*;
Farbe: Rot

14 alte, vorbuddhistische Religion Tibets

Luft: Buch (das Wort) und Stab
(manchmal auch Schwert); Farbe: Blau
Wasser: Kelch und Silberring; Farbe: Grün
Erde: quadratischer Stein,
auf dem eine Goldmünze liegt; Farbe: Braun

An jedem Kardinalpunkt des magischen Kreises (Quadratur des Kreises) wird eine Elementeleuchte aufgestellt, also ein Tee- oder Spirituslicht mit entsprechend gefärbtem Lampenschirm.

Anrufung

Das Ritual der Anrufung

Der Magier stellt sich in die Mitte seines zuvor gezogenen magischen Kreises und entzündet das auf dem Altar stehende violette Licht der Mitte, welches das Akasha-Prinzip repräsentiert.

Mittels des Kalachakra-Mantras begibt sich der Magier in einen meditativen, versunkenen Zustand, den man auch als leichte Trance bezeichnen könnte. Durch dieses Mantra bilden sich automatisch die Elemente als Teilpersönlichkeiten aus dem Magier heraus. Ohne dieses Bewusstsein, dass der zukünftige Adept Meister eines jeden Elements seiner eigenen Persönlichkeit ist und er in diesem Moment, in der Mitte des Kreises stehend, einer personifizierten Gottheit gleichkommt, wäre eine erfolgreiche Anrufung hoher Wesen aussichtslos. Sie würden den Magier nicht als vollkommenen Vertreter der göttlichen Vorsehung ansehen und wären insofern nicht verpflichtet, dem Ruf zu folgen.

Der Magier nimmt nun das Wesen seiner Gottheit an. Das bedeutet, dass er von diesem Moment an Vertreter der göttlichen Vorsehung selbst ist. Mit den Worten »la«, »va«, »ra«, »ya« (bzw. lam, bam, ram, yam) lässt der Magier seine Elemente (Erde, Wasser, Feuer, Luft) aus sich als Teilpersönlichkeiten heraustreten. Die Teilpersönlichkeiten des Magiers sind von nun an Vertreter der Elemente.

4 Elemente

Während der Magier, respektive die aus ihm herausgetretenen Teilpersönlichkeiten, diese Worte sprechen, bewegt er sich innerhalb des Kreises im Uhrzeigersinn und ordnet die Symbole der Elemente (siehe Zeichnung) außerhalb seiner Kreislinie an.

Hier nun die Beschreibung des Rituals und die Anweisungen und des Genius Algebol:

Stehe in der Mitte des Kreises, und mache dir deine Göttlichkeit bewusst. Du bist ein Meister der fünf Elemente, aus denen alles Existierende erschaffen ist.

Singe: E
LAM
Bam
RAM
Yam

(Anmerkung: E, Lam, Bam, Ram, Yam sind die Anrufungen der Elemente Akasha – Raum –, Erde, Wasser, Feuer, Luft)

Du bist der vierpolige Magnet, das Quadrat im Kreise der Einheit. Dehne dein Bewusstsein aus. Aus dir heraus bildet sich nun das Mandala der Göttlichen Ordnung:

Vor dir die Luft und der Meister der Luft.

Hinter dir die Erde und der Meister der Erde.

Zu deiner Rechten das Feuer und der Meister des Feuers.

Zu deiner Linken das Wasser und der Meister des Wassers.

Entzünde die Kerze des Meisters der Luft.

Entzünde die Kerze des Meisters der Erde.

Entzünde die Kerze des Meisters des Feuers.

Entzünde die Kerze des Meisters des Wassers.

Du bist das Licht der Mitte, der Weisheit und Macht.

Sprich: **Vierheit aus der Einheit,**

Fünfheit des Alls,

Wesen der Sphären,

des Raums und der Zeit,

Brücken geschlagen in

Einheit und frei

im Dienste der Schöpfung

geeint!

Visualisiere nun, dass deine jeweiligen Teilpersönlichkeiten Paguldez wie folgt anrufen:

Erde: **Paguldez, ich rufe Dich!** *(7x)*

Feuer: **Paguldez, ich rufe Dich!** *(7x)*

Wasser: **Paguldez, ich rufe Dich!** *(7x)*

Luft: **Paguldez, ich rufe Dich!** *(7x)*

Sprich weiter: ***Oh Diener der Schöpfung,***

ich rufe Dich herbei!

Tritt ein in die Sphäre,

die geschaffen ich Dir!

Erscheine in Form und Gestalt,

erscheine in Wort und Gewalt!

Erde: ***Paguldez, erscheine!*** *(7x)*

Feuer: ***Paguldez, erscheine!*** *(7x)*

Wasser: ***Paguldez, erscheine!*** *(7x)*

Luft: ***Paguldez, erscheine!*** *(7x)*

Anweisung:

Nimm nun deinen Stift und dein Tagebuch. Schreib deine Gedanken nieder und folge den Anweisungen des gerufenen Wesens. Im Laufe der Zeit kannst du uns sehen und hören – unsere Anwesenheit fühlen kannst du bereits!

Stelle deine Fragen, nicht mehr als 7 an der Zahl!

Wenn du das Ritual beenden willst so sprich:

Im Namen der Meister der Vier in der Fünf

bedanke ich mich und lasse Dich ziehen.

Verlass meine Sphäre, geschaffen für Dich,

und geh in die eigne mit Dank und mit Licht,

bis mein Ruf erneut Dich ereilt!

Das Evokationsritual ist hiermit abgeschlossen. Der magische Kreis kann nun aufgelöst, alle Ritualgegenstände und Utensilien können aufgeräumt und an ihren Aufbewahrungsort gebracht werden. Falls mit Ritualgewändern gearbeitet wurde, können diese nun abgelegt werden.

Kapitel 13

Spiegelmagische Evokation
(Astromagie)

Mir ist durchaus bewusst, dass dieses, das letzte aber umfangreiche Kapitel des vorliegenden Buches, vielen Lesern zumindest in der eigenen Durchführung zu kompliziert oder zu aufwendig erscheinen mag. Allerdings sind auch einige meiner Leser experimentierfreudige Jung- und Altadepten, denen kaum ein Aufwand, der der eigenen Entwicklung und magischen Autorität dienlich erscheint, zuviel ist. Ich widme es daher jenen, die sich tiefer mit der Thematik westlicher Ritualmagie beschäftigen und aus alten Logenmanuskripten Inspirationen für ihre eigene Arbeit gewinnen wollen. Denjenigen, die ausschließlich aus reiner Neugier in diesem Abschnitt lesen, möge die Lektüre als Erweiterung ihres theoretischen Wissens dienen.

Die folgenden Beschreibungen stammen aus den praktischen Erfahrungen verschiedener rituell arbeitender Gruppen der Anfangsjahre des 20. Jahrhunderts und wurden hauptsächlich von Rah Omir (Wilhelm) Quintscher als Lehrbriefe seines Ordens OMB (Orden Mentalischer Bauherren) verbreitet. Fälschlicherweise wird in okkulten Kreisen gerne behauptet, Quintscher sei der Lehrer Bardons gewesen. Tatsächlich war der damals viel ältere Quintscher Mentor und Freund Franz Bardons. Aufgrund der geistigen Größe Bardons überholte er in seiner Reife Quintscher bald und entwickelte sein eigenes System, das teilweise auf den Erfahrungen Quintschers und Dr. Sättlers aufbaute. Der Originaltext wurde überarbeitet, wobei spezielle – heute kaum noch bekannte – Ausdrücke im Text bewusst beibehalten wurden, die aber durch Tabellen und Abbildungen selbsterklärend sein dürften.

Die astromagischen Erklärungen erleichtern das Arbeiten und das Erreichen planetarischer Wesen und Intelligenzen erheblich. Jeder sogenannte Vorsteher der Erdgürtelzone (der feinstofflichen Lebenskraftsphäre der grobstofflichen Welt) wirkt beispielsweise exakt vier Minuten lang an einem Ort. Der astrologische Orts-MC gibt Auskunft, welche Intelligenz gerade über einem bestimmten Ort ihren Einfluss ausübt. Dass jede Geburt eines Menschen oder Tieres nicht von den Sternen, sondern von den Intelligenzen der jeweiligen Planeten, Sterne usw. geprägt wird, ist eine in der magischen Astrologie bekannte Tatsache.

Magischer Spiegel und Astrologie

Anrufung von Sphärenwesen

Möchten Sie den Magischen Spiegel zur Anrufung der Genien der Erdgürtelzone verwenden und herstellen, so sind der Mondstand sowie der Mondtag sowohl für den Bau des Spiegels als auch für die spätere Anrufung der Genien der Erdgürtelzone zu beachten. Gerechnet von einem Vollmond zum anderen benötigt der Mond 29 Tage. Diese gilt es mit den 28 Mondstationen in Einklang zu bringen.

Bei dieser Arbeitsweise sind allerdings einige Unterschiede zu der herkömmlichen Astrologie und den Ephemeriden[15] in Bezug auf den Mondlauf zu beachten.

Jede Mondstation entspricht einem Zeittag. Um die Berechnung auszugleichen, die Mondstation mit dem Mondlauf in Einklang zu bringen, um somit auch dem tatsächlichen Vorgang in der Natur gleichzukommen, werden zwei zusätzliche »blinde« Tage ohne Stellungswechsel des Mondes angefügt. Diese werden Tag 14 »b« und alle zwei Monate Tag 28 »b« genannt.

Die erste Mondstation beginnt am ersten Tag nach Vollmond. Jede Mondstation entspricht einem Tag. Neumond ist am 14. Tag. Hier fügen wir den Tag 14 »b« hinzu. Diese »b«-Tage gehören zu den vorhergegangenen Mondstationen. Alle

15 Tafeln mit vorausberechneten geozentrischen Gestirnsorten an der Himmelskugel, die zum raschen Auffinden der Gestirne (Planeten), aber auch zur genauen Positions-, Orts- und Zeitbestimmung dienen.

zwei Monate fügen wir dem achtundzwanzigsten Tag noch einen weiteren Tag hinzu, also 28 »b«, welcher wiederum auch der vorhergegangenen Mondstation zugehört.

Auch der Beginn der Berechnung der Zeittage unterscheidet sich von der herkömmlichen Astrologie und den Ephemeriden-Berechnungen. Ist z.B. am 11. Juni Vollmond, so beginnt diese Phase am 10. Juni um 18.00 Uhr und endet am 11. Juni um 18.00 Uhr.

Wie Ihnen bestimmt bereits aufgefallen ist, ist der weitere Unterschied zu der herkömmlichen Berechnung der Beginn der Mondstationen. Dieser liegt nicht am ersten Tag nach Neumond, sondern am ersten Tag nach Vollmond.

Zur praktischen Arbeit und Verwendung des Magischen Spiegels ist unter anderem auch der Mondstand zu beachten. In der Zeit des zunehmenden Mondes wird der Magische Spiegel von 18.00 Uhr abends bis 06.00 Uhr morgens verwendet; bei abnehmendem Mond in der Zeit von 06.00 Uhr morgens bis 18.00 Uhr abends.

Räucherungen sind beim praktischen Arbeiten mit dem Magischen Spiegel nicht nur von Vorteil, sondern auch sehr zu empfehlen. Dabei gilt:

- Montags: Aloeharz
- Dienstags: Pfeffer mit Paprikaschoten
- Mittwochs: Mastix
- Donnerstags: Safran
- Freitags: Kohlwurzel
- Samstags: Galbanum
- Sonntags: Rotes Sandelholz

Der Erdspiegel

zur Anrufung der Genien der Erdgürtelzone

Nahezu wichtigster Faktor in der Arbeit mit dem sogenannten Erdspiegel ist die korrekte Herstellung des Spiegels unter Beachtung aller astrologischen Zeitangaben. Ziehen Sie dazu die Tabellen in diesem Abschnitt zu Rate.

Als Baumaterial benötigen Sie acht Dreiecke aus normalem Spiegelglas, wobei unbedingt darauf zu achten ist, dass diese ausnahmslos frei von Materialfehlern sind. Dabei bleibt es Ihnen überlassen, ob Sie sich für einen Durchmesser von 35, 70 oder gar 106 Zentimetern Spiegelfläche entscheiden.

Die Seitenlängen der einzelnen Dreiecke sollten so sein, dass die zusammengesetzten Dreiecke eine Vertiefung bilden. Zusammengehalten werden diese mit einem festen Gummiband oder mit einem geeigneten Klebstoff wie etwa Heißkleber, den Sie in jedem Baumarkt erwerben können.

Die Rückseite dieses Spiegels wird entweder mit schwarzem Teer oder auch mit Lackfarbe siebenmal bestrichen. Vermeiden Sie während des Trocknens das längere Hineinschauen in den Spiegel! Achten Sie während dieses Prozesses besonders darauf, dass kein anderer die Möglichkeit erhält, den Spiegel zu berühren oder gar hineinzuschauen, um einer störenden Einodung (Energetisierung) vorzubeugen.

Bevor die weitere Herstellung des Spiegels erörtert wird, widmen wir uns dem Holzkasten, in den der zusammengesetzte Spiegel genau hineinpassen muss.

Auch der Holzkasten wird mit schwarzer Lackfarbe gestrichen. Der dazugehörige Deckel ist mit Bändern oder Scharnieren und Schloss zu versehen. Weiterhin sollten Sie im Inneren des Kastens Unterlagen anbringen, sodass beim Aufstellen des Spiegels die Kanten des zusammengesetzten Dreiecks aufgenommen werden und die Gefahr der Beschädigung nicht besteht. Das Innere des Kastens sowie der Deckel sind ebenfalls entweder schwarz auszulegen oder zu streichen.

Kommen wir zurück zum eigentlichen Spiegel bzw. zu den acht Spiegeldreiecken, welche Sie auf der Rückseite mit den Namen verschiedener Sphärenvorsteher gravieren (siehe Bild nächste Seite). Bevor Sie mit der Gravur beginnen, sollten Sie sich zumindest das Gesicht und die Hände waschen. Es ist auch anzuraten, die Kleidung abzulegen und – falls vorhanden – Ihr magisches Gewand anzuziehen. Nehmen Sie eine Räucherung mit Aloeharz vor, und entzünden sie auch Kerzen. Mit auf der Brust zusammengelegten Händen sprechen Sie dann halblaut folgende Anrufungsformel:

Erdspiegel

Vollständige Ansicht der Rückseite

Herr, höre mein Wort und segne mein Werk,
denn Du bist der wahre Herrscher der Erde und des Himmels,
der Herrscher, der wiederkehren wird
mit dem glücklichen Zeitalter.

Von Vorteil, aber nicht unbedingt notwendig ist es, wenn Sie die Anrufungsformel im Gleichklang mit dem Atem sprechen können, da hierbei eine viel höhere geistige Verbundenheit entsteht. Bei dieser Arbeit ist die Nord-Süd-Ausrichtung zu beachten. Sitzen Sie also im Norden und wenden Sie Gesicht und Blick gen Süden.

Die Gravur der einzelnen Spiegeldreiecke, die von 1 bis 8 durchnummeriert sind, kann allerdings nur stückweise vorgenommen werden, da die jeweilige Gravur immer nur bei zunehmendem Mond an einem bestimmten Tag und zu einer bestimmten Stunde erfolgen kann.

Gravieren Sie in der zunehmenden Mondphase wie folgt:

1) das Erdfeld in einer Mondstunde am Zeittag des Mondes (Mon[d]tag),
2) das Mondfeld in einer Mondstunde am Zeittag des Mondes (Mon[d]tag),
3) das Sonnenfeld in einer Sonnenstunde am Zeittag der Sonne (Sonntag),
4) das Merkurfeld in einer Merkurstunde am Zeittag des Merkurs (Mittwoch),
5) das Venusfeld in einer Venusstunde am Zeittag der Venus (Freitag),
6) das Marsfeld in einer Marsstunde am Zeittag des Mars (Dienstag),
7) das Jupiterfeld in einer Jupiterstunde am Zeittag des Jupiters (Donnerstag) und

8) das Saturnfeld in einer Saturnstunde am Zeittag des Saturns (Samstag).

Beachten Sie beim späteren Zusammensetzen der Dreiecke und beim Verwenden des Spiegels, dass das Dreieck mit der Nummer 1, also das Erdfeld, immer nach Osten zeigen muss.

Solange nicht alle Spiegeldreiecke mit der Gravur versehen wurden und auch das Wichtigste bei der Fertigstellung, die Weihe des Spiegels, nicht vollzogen wurde, sind zwei Dinge zwingend zu beachten: Bewahren Sie Ihre Spiegelteile sorgfältig auf, und achten Sie vor allem darauf, dass Sie nicht in die Spiegelfläche schauen.

Die Planetenstunden nach Weltzeit

	1	2	3	4	5	6	7
Stunde	Samstag	Sonntag	Montag	Dienstag	Mittwoch	Donnerstag	Freitag
1	Saturn	Sonne	Mond	Mars	Merkur	Jupiter	Venus
2	Jupiter	Venus	Saturn	Sonne	Mond	Mars	Merkur
3	Mars	Merkur	Jupiter	Venus	Saturn	Sonne	Mond
4	Sonne	Mond	Mars	Merkur	Jupiter	Venus	Saturn
5	Venus	Saturn	Sonne	Mond	Mars	Merkur	Jupiter
6	Merkur	Jupiter	Mond	Saturn	Sonne	Mond	Mars
7	Mond	Mars	Merkur	Jupiter	Venus	Saturn	Sonne
8	Saturn	Sonne	Mond	Mars	Merkur	Jupiter	Venus
9	Jupiter	Venus	Saturn	Sonne	Mond	Mars	Merkur
10	Mars	Merkur	Jupiter	Venus	Saturn	Sonne	Mond
11	Sonne	Mond	Mars	Merkur	Jupiter	Venus	Saturn
12	Venus	Saturn	Sonne	Mond	Mars	Merkur	Jupiter
13	Merkur	Jupiter	Venus	Saturn	Sonne	Mond	Mars
14	Mond	Mars	Merkur	Jupiter	Venus	Saturn	Sonne
15	Saturn	Sonne	Mond	Mars	Merkur	Jupiter	Venus
16	Jupiter	Venus	Saturn	Sonne	Mond	Mars	Merkur
17	Mars	Merkur	Jupiter	Venus	Saturn	Sonne	Mond
18	Sonne	Mond	Mars	Merkur	Jupiter	Venus	Saturn
19	Venus	Saturn	Sonne	Mond	Mars	Merkur	Jupiter
20	Merkur	Jupiter	Venus	Saturn	Sonne	Mond	Mars
21	Mond	Mars	Merkur	Jupiter	Venus	Saturn	Sonne
22	Saturn	Sonne	Mond	Mars	Merkur	Jupiter	Venus
23	Jupiter	Venus	Saturn	Sonne	Mond	Mars	Merkur
24	Mars	Merkur	Jupiter	Venus	Saturn	Sonne	Mond

Erde

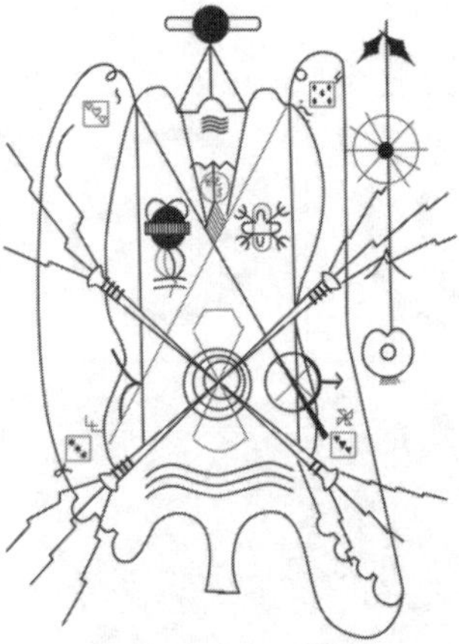

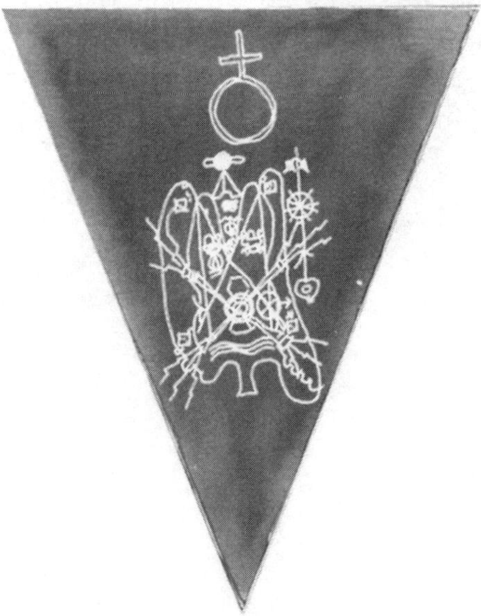

Mond

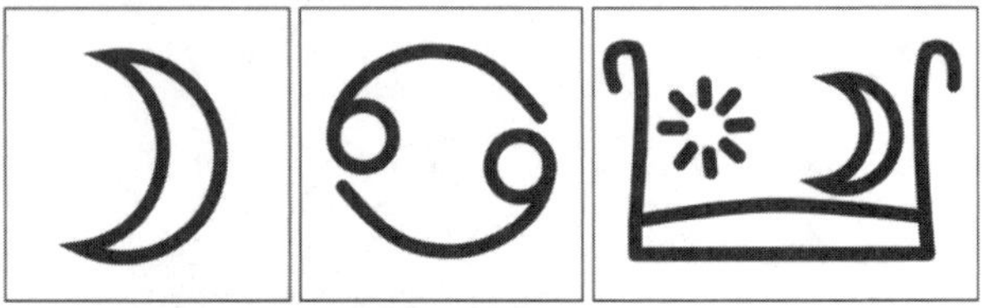

Sonne

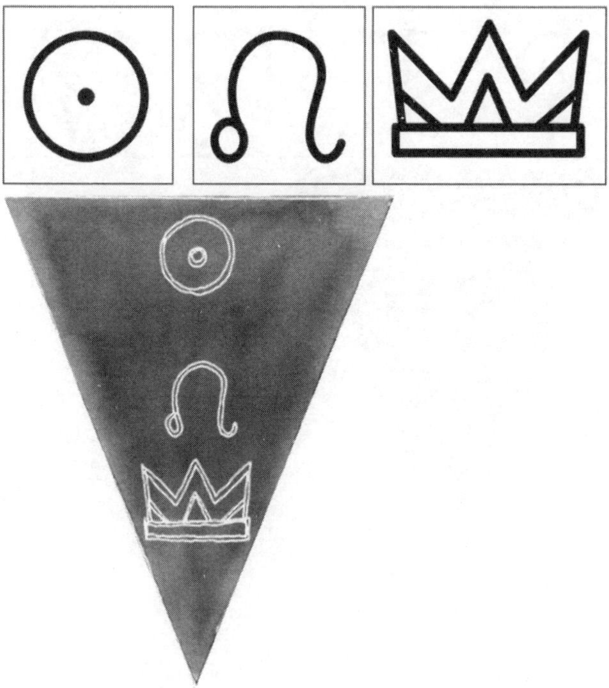

Merkur

Venus

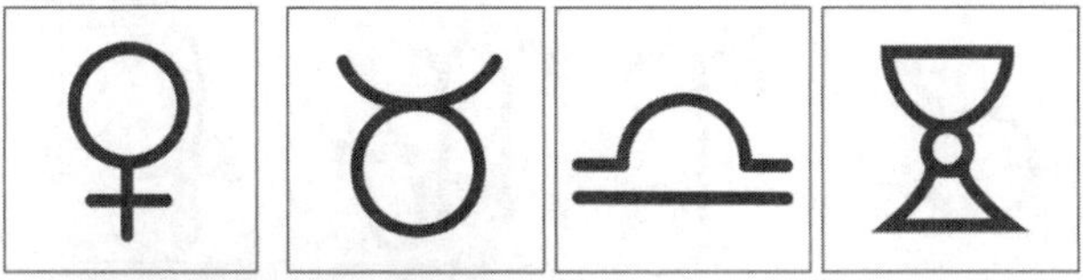

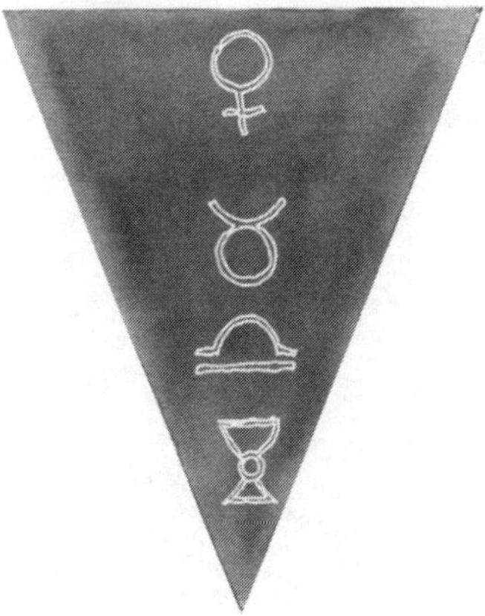

Mars

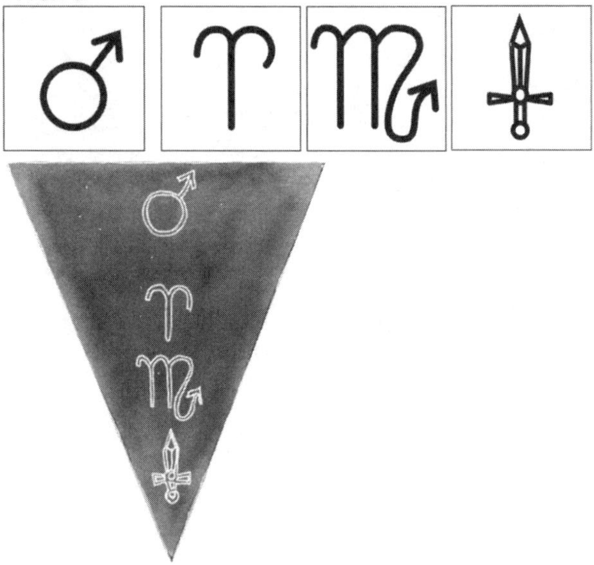

Jupiter

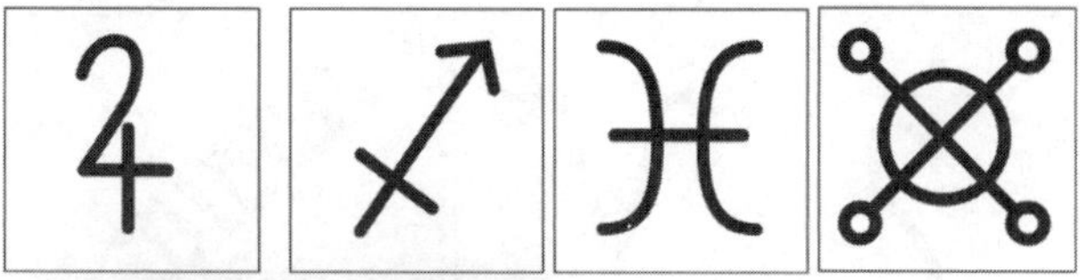

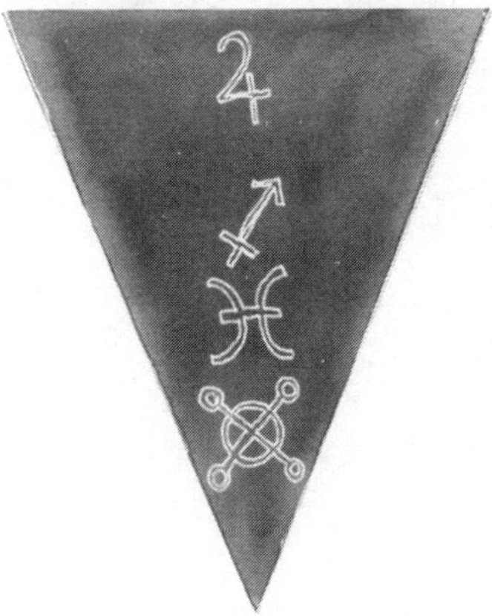

Saturn

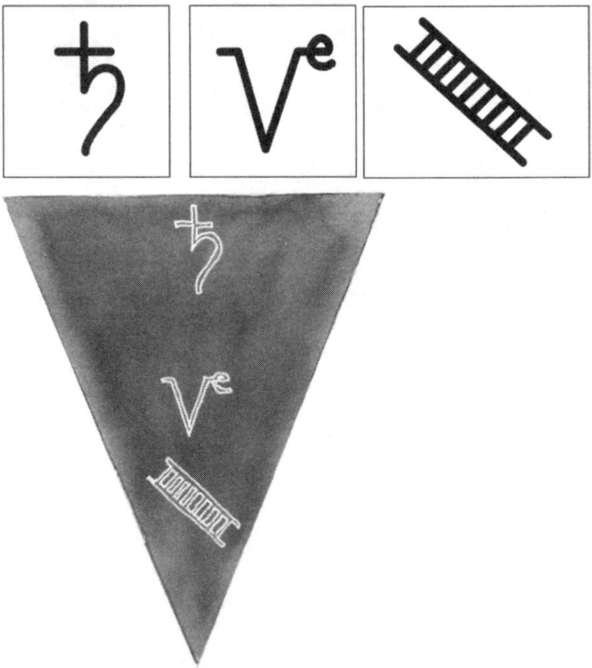

Die Spiegelweihe

Stellen Sie in der Mondstunde des achtundzwanzigsten Mondzeittages einen Tisch in die Mitte Ihres Raumes. Legen Sie den geöffneten Kasten des Spiegels, welcher mit der glänzenden Fläche nach unten liegt, auf den Tisch. Selbstverständlich muss der Spiegel so montiert sein, dass er weder herausfallen, noch sich lockern kann.

Nachdem Sie nun zwei Kerzen und ein Räucherfeuer entzündet haben, nehmen Sie eine körperliche Reinigung vor und legen Ihre Ritualkleidung an, falls Sie eine solche verwenden. Ab einer gewissen magischen Entwicklung und Reife muss übrigens jede Operation und jedes magische Ritual auch ohne größeren Aufwand gelingen.

Auch hier ist wieder die Nord-Süd-Ausrichtung zu beachten: Stellen Sie sich im Norden hinter den Tisch, Gesicht und Blick nach Süden gewandt. Heben Sie nun Ihre Arme so empor, dass sich die Hände in Augenhöhe befinden, wobei die Handinnenfläche nach vorn zeigt. Sprechen Sie sodann mit halblauter Stimme ein für Sie geeignetes Gebet und eine Huldigung an die Göttliche Vorsehung.

Die frühere Forschungsloge von Quintscher zitierte an dieser Stelle das sogenannte Große Gebet an Adonis, ein in seiner Loge verwendetes Gebet. Weder zitiere ich es hier, noch gebrauche ich es selbst, da meine eigenen spirituellen Weltanschauungen mit dem damaligen Religionsbild Quintschers in zahlreichen wesentlichen Punkten nicht übereinstimmen. Zu bevorzugen ist meines Erachtens eine simple Akasha-Ladung oder Lichtkraftstauung in den Spiegel, die völlig ausreichend und religiösen Dogmen vorzuziehen ist. Der Leser möge auch alle jene Hinweise berücksichtigen, die ich bereits in den vorhergehenden Kapiteln bezüglich der Handhabung Magischer Spiegel gab. Insbesondere rufe ich dem Leser die Information des Genius Argaro ins Gedächtnis, der empfahl, den Spiegel vor einer evokativen Arbeit mit dem verdichtenden Prinzip des Erdelements zu laden.

Sobald Sie das letzte Wort Ihres Gebetes gesprochen bzw. Ihre Akasha-Ladung oder Lichtkraftstauung durchgeführt haben, nehmen Sie den Spiegel mit beiden Händen auf. Halten Sie Ihn nun in den Rauch des Räucherfeuers. Danach ist der Spiegel gebrauchsfertig.

Möchten Sie Ihren Spiegel nachts verwenden, so ist darauf zu achten, dass Sie rechts und links jeweils eine Kerze neben dem Kasten sowie ein Räucherfeuer entzünden.

Sorgen Sie tagsüber dafür, dass keine grellen Sonnenstrahlen den Spiegel direkt treffen.

Astromagie und Magischer Spiegel

Die Astromagie dient unter anderem als Mittel der Auskunftserteilung über Leben und Schicksal eines jeden Erdenmenschen. Oft wird die Frage gestellt, warum dieses oder jenes gerade jetzt geschehen oder auch nicht geschehen ist. Wir aber sollten unseren Blick vielmehr darauf richten, dass nur geschieht, was unserer geistigen Entwicklung förderlich ist. Und zwar unabhängig davon, ob uns dies in den unterschiedlichen Augenblicken angenehm oder gar unangenehm erscheint.

Für die Herstellung und das Verwenden eines magischen Erd- oder Planetenspiegels sind hierüber einige Grundkenntnisse erforderlich. So z.B., dass es nicht die Sterne als Sternkörper sind, die auf alles – Menschen, Tiere und Gegenstände – wirken, sondern allein die jeweiligen Wächter und Hüter der Sterne. Würde ein Astrologe diesen Hinweis in seinen Berechnungen und Deutungen heranziehen, wären seine Erkenntnisse um ein Vielfaches präziser und umfangreicher.

Der Unterschied zwischen den Wächtern und den Hütern besteht darin, dass die Wächter diejenigen sind, die im Kosmos auch als Lenker der jeweiligen Energien bezeichnet werden können. Die Hüter hingegen sind die darüber von der Göttlichen Ordnung eingesetzten Herren. Chaldäisch werden die planetarischen Wächter Kabirim und Kabirut, die Hüter aber Schûmir und Schumrit genannt. Diese Zweiteilung zwischen Wächtern und Hütern zieht sich durch die ganze Natur. Sie ist nicht nur auf der Erde maßgebend.

Herrschaft über Zeit und Raum

Nicht nur eine, sondern beide Gruppen der höheren Wesen üben ihre Herrschaft über Zeit und Raum aus. Zeitjahre, Zeitmonate, Zeittage und Zeitstunden unterstehen verschiedenen Regenten. Um Verwechslungen zu vermeiden, werden hier ganz bewusst Bezeichnungen wie Zeitjahr oder auch Zeitmonat usw. gewählt.

- Ein Zeitjahr beginnt mit dem 21. März (= 20. März, 18 Uhr) eines jeden Kalenderjahres und umfasst zwölf Zeitmonate.
- Ein Zeitmonat beginnt mit dem 21. eines jeden Kalendermonats und dauert dreißig Zeittage.
- Jeder Zeittag beginnt um 18 Uhr des bürgerlichen Tages und währt 24 Stunden. Gegenüber sonstigen Gepflogenheiten wird die Nacht stets vor dem Tag gerechnet. Die Nacht zählt zwölf Stunden von 6 Uhr abends (18.00 Uhr) bis 6 Uhr morgens, der Tag hingegen von 6 Uhr morgens bis 6 Uhr abends.

An gewissen Stellen befinden sich die Kabirim und Kabirut in ihrer Erhöhung und an anderen Punkten in ihrer Erniedrigung. Anbei: Je mehr Planeten sich zur Zeit der Geburt eines Wesens in ihrer Erhöhung befanden, um so glücklicher wird das Leben und das Schicksal des Geborenen werden.

Erhöhungen

Sonne	Widder	19°
Mond	Stier	3°
Merkur	Jungfrau	15°
Venus	Fische	27°
Mars	Steinbock	28°
Jupiter	Krebs	15°
Saturn	Waage	21°

Erniedrigungen

Sonne	Waage	19°
Mond	Skorpion	3°
Merkur	Fische	15°
Venus	Jungfrau	27°
Mars	Krebs	28°
Jupiter	Steinbock	15°
Saturn	Widder	21°

Herrschaft der Schûmir und Schumrit über das Jahr

1850	Zwillinge	1886	Zwillinge	1922	Zwillinge	1958	Zwillinge
1851	Krebs	1887	Krebs	1923	Krebs	1959	Krebs
1852	Löwe	1888	Löwe	1924	Löwe	1960	Löwe
1853	Jungfrau	1889	Jungfrau	1925	Jungfrau	1961	Jungfrau
1854	Waage	1890	Waage	1926	Waage	1962	Waage
1855	Skorpion	1891	Skorpion	1927	Skorpion	1963	Skorpion
1856	Schütze	1892	Schütze	1928	Schütze	1964	Schütze
1857	Steinbock	1893	Steinbock	1929	Steinbock	1965	Steinbock
1858	Wassermann	1894	Wassermann	1930	Wassermann	1966	Wassermann
1859	Fische	1895	Fische	1931	Fische	1967	Fische
1860	Widder	1896	Widder	1932	Widder	1968	Widder
1861	Stier	1897	Stier	1933	Stier	1969	Stier
1862	Zwillinge	1898	Zwillinge	1934	Zwillinge	1970	Zwillinge
1863	Krebs	1899	Krebs	1935	Krebs	1971	Krebs
1864	Löwe	1900	Löwe	1936	Löwe	1972	Löwe
1865	Jungfrau	1901	Jungfrau	1937	Jungfrau	1973	Jungfrau
1866	Waage	1902	Waage	1938	Waage	1974	Waage
1867	Skorpion	1903	Skorpion	1939	Skorpion	1975	Skorpion
1868	Schütze	1904	Schütze	1940	Schütze	1976	Schütze
1869	Steinbock	1905	Steinbock	1941	Steinbock	1977	Steinbock
1870	Wassermann	1906	Wassermann	1942	Wassermann	1978	Wassermann
1871	Fische	1907	Fische	1943	Fische	1979	Fische
1872	Widder	1908	Widder	1944	Widder	1980	Widder
1873	Stier	1909	Stier	1945	Stier	1981	Stier
1874	Zwillinge	1910	Zwillinge	1946	Zwillinge	1982	Zwillinge
1875	Krebs	1911	Krebs	1947	Krebs	1983	Krebs
1876	Löwe	1912	Löwe	1948	Löwe	1984	Löwe
1877	Jungfrau	1913	Jungfrau	1949	Jungfrau	1985	Jungfrau
1878	Waage	1914	Waage	1950	Waage	1986	Waage
1879	Skorpion	1915	Skorpion	1951	Skorpion	1987	Skorpion
1880	Schütze	1916	Schütze	1952	Schütze	1988	Schütze
1881	Steinbock	1917	Steinbock	1953	Steinbock	1989	Steinbock
1882	Wassermann	1918	Wassermann	1954	Wassermann	1990	Wassermann
1883	Fische	1919	Fische	1955	Fische	1991	Fische
1884	Widder	1920	Widder	1956	Widder	1992	Widder
1885	Stier	1921	Stier	1957	Stier	1993	Stier

Die Tabelle kann entsprechend der Reihenfolge des Tierkreises beliebig fortgesetzt werden: 1994 Zwillinge, 1995 Krebs, 1996 Löwe, 1997 Jungfrau, 1998 Waage, 1999 Skorpion, 2000 Schütze, 2001 Steinbock, 2002 Wassermann, 2003 Fische, 2004 Widder usw.

Herrschaft der Kabirim und Kabirut über das Jahr

Venus	Sonne	Mars	Jupiter	Saturn	Mond	Venus
2032	2031	2030	2029	2028	2027	2026
2025	2024	2023	2022	2021	2020	2019
2018	2017	2016	2015	2014	2013	2012
2011	2010	2009	2008	2007	2006	2005
2004	2003	2002	2001	2000	1999	1998
1997	1996	1995	1994	1993	1992	1991
1990	1989	1988	1987	1986	1985	1984
1983	1982	1981	1980	1979	1978	1977
1976	1975	1974	1973	1972	1971	1970
1969	1968	1967	1966	1965	1964	1963
1962	1961	1960	1959	1958	1957	1956
1955	1954	1953	1952	1951	1950	1949
1948	1947	1946	1945	1944	1943	1942
1941	1940	1939	1938	1937	1936	1935
1934	1933	1932	1931	1930	1929	1928
1927	1926	1925	1924	1923	1922	1921
1920	1919	1918	1917	1916	1915	1914
1913	1912	1911	1910	1909	1908	1907
1906	1905	1904	1903	1902	1901	1900
1899	1898	1897	1896	1895	1894	1893
1892	1891	1890	1889	1888	1887	1886
1885	1884	1883	1882	1881	1880	1879
1878	1877	1876	1875	1874	1873	1872
1871	1870	1869	1868	1867	1866	1865
1864	1863	1862	1861	1860	1859	1858
1857	1856	1855	1854	1853	1852	1851

Herrschaft der Schûmir und Schumrit über den Monat

Ein Zeitjahr setzt sich aus zwölf Zeitmonaten zusammen, beginnend mit dem 21. März. Über die einzelnen Zeitmonate herrschen die Schûmir und Schumrit wie folgt:

1.	Zeitmonat	21. März	20. April	Widder
2.	Zeitmonat	21. April	20. Mai	Stier
3.	Zeitmonat	21. Mai	20. Juni	Zwilling
4.	Zeitmonat	21. Juni	20. Juli	Krebs
5.	Zeitmonat	21. Juli	20. August	Löwe
6.	Zeitmonat	21. August	20. September	Jungfrau
7.	Zeitmonat	21. September	20. Oktober	Waage
8.	Zeitmonat	21. Oktober	20. November	Skorpion
9.	Zeitmonat	21. November	20. Dezember	Schütze
10.	Zeitmonat	21. Dezember	20. Januar	Steinbock
11.	Zeitmonat	21. Januar	20. Februar	Wassermann
12.	Zeitmonat	21. Februar	20. März	Fische

Herrschaft der Kabirim und Kabirut über den Monat

1.	Zeitmonat	Mars	7.	Zeitmonat	Venus
2.	Zeitmonat	Venus	8.	Zeitmonat	Mars
3.	Zeitmonat	Merkur	9.	Zeitmonat	Jupiter
4.	Zeitmonat	Mond	10.	Zeitmonat	Saturn
5.	Zeitmonat	Sonne	11.	Zeitmonat	Saturn
6.	Zeitmonat	Merkur	12.	Zeitmonat	Jupiter

Die Schûmir und die Schumrit erhielten von der Göttlichen Ordnung den Galil Haschmun, den Erdzonengürtel bzw. die Fixsternsphäre als deren Wirkebene.

1. Báal Gadî, der Schûmir ha-Gadî (Hüter des Widders), steht für ein sanguinisches Temperament[16] und einen gebietenden Beruf; bei Nachtgeburten ferner für Rechtschaffenheit, bei Taggeburten für Stolz.

2. Báalit Tûr, die Schumrit ha-Tûr (Hüterin des Stieres), steht für ein sanguinisches Temperament und Mittelmäßigkeit; bei Nachtgeburten ferner für Liebreiz, bei Taggeburten für Launenhaftigkeit.

3. Báal Ta'umîm, der Schûmir ha-Ta'umîm (Hüter der Zwillinge), steht für ein sanguinisches Temperament und Kinderreichtum; bei Nachtgeburten ferner für Schlauheit, bei Taggeburten für Kunstfertigkeit.

4. Báalit Sartîn, die Schumrit ha-Sartîn (Hüterin des Krebses), steht für ein cholerisches Temperament, für den Beruf des Jägers oder Fischers; bei Nachtgeburten ferner für Jähzorn, bei Taggeburten für Eitelkeit.

5. Báal Arî, der Schûmir ha-Arî (Hüter des Löwen), steht für ein cholerisches Temperament, Macht und Reichtum; bei Nachtgeburten ferner für Weisheit, bei Taggeburten für Edelmut.

6. Báalit Schibbûlit, die Schumrit ha-Schibbûlit (Hüterin der Jungfrau), steht für ein cholerisches Temperament und

16 Die aus der Kabbalah abgeleitete Temperamentelehre ordnet die Menschen vier vorherrschenden Wesenszügen zu: sanguinisch = lebensfroh, leichtfertig; cholerisch = aufbrausend, jähzornig; melancholisch = nachdenklich, trübsinnig; phlegmatisch = ruhig, träge.

Kinderlosigkeit; bei Nachtgeburten ferner für ein unstetes Leben, bei Taggeburten für Geilheit.

7. Báal Miznîm, der Schûmir ha-Miznîm (Hüter der Waage), steht für ein melancholisches Temperament, für den Beruf des Kaufmanns oder des Richters; bei Nachtgeburten ferner für Gewinnsucht, bei Taggeburten für Trübsinn.

8. Báalit 'Akrab, die Schumrit ha-'Akrab (Hüterin des Skorpions), steht für ein melancholisches Temperament, für Einsamkeit und Verlassenheit; bei Nachtgeburten ferner für eine Kämpfernatur, bei Taggeburten für Beredsamkeit.

9. Báal Kascht, der Schûmir ha-Kascht (Hüter des Schützen), steht für ein melancholisches Temperament, für Frömmigkeit und magisches Wissen; bei Nachtgeburten ferner für Redlichkeit, bei Taggeburten für Hoffart.

10. Báalit Ja'îl, die Schumrit ha-Ja'îl (Hüterin des Steinbocks), steht für ein phlegmatisches Temperament, für den Beruf des Lehrers oder Erziehers; bei Nachtgeburten ferner für einen argwöhnischen Charakter, bei Taggeburten für Leichtsinn.

11. Báal Dalî, der Schûmir ha-Dalî (Hüter des Wassermanns), steht für ein phlegmatisches Temperament, für Schlauheit und Gewinn; bei Nachtgeburten ferner für Geiz, bei Taggeburten für Scharfsinnigkeit.

12. Báalit Dagîm, die Schumrit ha-Dagîm (Hüterin der Fische), steht für ein phlegmatisches Temperament, für den Beruf

des Schiffers oder Fischers; bei Nachtgeburten ferner für Reizbarkeit, bei Taggeburten für Sinnlichkeit.

Tag- und Nachthäuser der Kabirim und Kabirut

Alle höheren Wesen der Planeten und Tierkreiszeichen üben ihren Einfluss in der Welt einzeln oder in Beziehung zueinander aus. Die Regentschaft der Schûmir und der Schumrit, sowie die der Kabirim und der Kabirut wechselt täglich. Nach sieben Tagen beginnt die Reihenfolge aufs neue. Wir unterscheiden dabei zwischen Tag- und Nachthäusern.

	Tag	**Kabirim/ Kabirut**	**Nachthaus**	**Taghaus**
1.	Montag	Mond	Krebs	Krebs
2.	Dienstag	Mars	Widder	Skorpion
3.	Mittwoch	Merkur	Zwillinge	Jungfrau
4.	Donnerstag	Jupiter	Schütze	Fische
5.	Freitag	Venus	Stier	Waage
6.	Samstag	Saturn	Wassermann	Steinbock
7.	Sonntag	Sonne	Löwe	Löwe

Herrschaft der Schûmir und Schumrit über die Stunde

Jeder Zeittag beginnt ab 18.00 Uhr des bürgerlichen Tages und umfasst zwölf Doppelstunden, über welche die Schûmir und die Schumrit wie folgt die Herrschaft ausüben:

1. Doppelstunde	18.00 – 20.00 Uhr	Widder
2. Doppelstunde	20.00 – 22.00 Uhr	Stier
3. Doppelstunde	22.00 – 24.00 Uhr	Zwillinge
4. Doppelstunde	24.00 – 02.00 Uhr	Krebs
5. Doppelstunde	02.00 – 04.00 Uhr	Löwe
6. Doppelstunde	04.00 – 06.00 Uhr	Jungfrau
7. Doppelstunde	06.00 – 08.00 Uhr	Waage
8. Doppelstunde	08.00 – 10.00 Uhr	Skorpion
9. Doppelstunde	10.00 – 12.00 Uhr	Schütze
10. Doppelstunde	12.00 – 14.00 Uhr	Steinbock
11. Doppelstunde	14.00 – 16.00 Uhr	Wassermann
12. Doppelstunde	16.00 – 18.00 Uhr	Fische

Herrschaft der Kabirim und Kabirut über die Stunde

Die Kabirim und Kabirut regieren die einzelnen Stunden nach folgender Anordnung:

Uhrzeit	Tageszeiten	Mo.	Di.	Mi.	Do.	Fr.	Sa.	So.
18.00 – 19.00	abends	b	f	d	g	e	h	h
19.00 – 20.00	abends	h	a	b	f	d	g	e
20.00 – 21.00	abends	g	e	h	a	b	f	d
21.00 – 22.00	abends	f	d	g	e	h	a	b
22.00 – 23.00	abends	a	b	f	d	g	e	h
23.00 – 24.00	abends	e	h	a	b	f	d	g
24.00 – 01.00	nachts	d	g	e	h	a	b	f
01.00 – 02.00	nachts	b	f	d	g	e	h	a
02.00 – 03.00	nachts	h	a	b	f	d	g	e
03.00 – 04.00	nachts	g	e	h	a	b	f	d
04.00 – 05.00	nachts	f	d	g	e	h	a	b
05.00 – 06.00	nachts	a	b	f	d	g	e	h
06.00 – 07.00	vormittags	e	h	a	b	f	d	g
07.00 – 08.00	vormittags	d	g	e	h	a	b	f
08.00 – 09.00	vormittags	b	f	d	g	e	h	a
09.00 – 10.00	vormittags	h	a	b	f	d	g	e
10.00 – 11.00	vormittags	g	e	h	a	b	f	d
11.00 – 12.00	vormittags	f	d	g	e	h	a	b
12.00 – 13.00	nachmittags	a	b	f	d	g	e	h
13.00 – 14.00	nachmittags	e	h	a	b	f	d	g
14.00 – 15.00	nachmittags	d	g	e	h	a	b	f
15.00 – 16.00	nachmittags	b	f	d	g	e	h	a
16.00 – 17.00	nachmittags	h	a	b	f	d	g	e
17.00 – 18.00	nachmittags	g	e	h	a	b	f	d

Die Herrschaft der Schûmir und Schumrit über den Tierkreis

	Edelsteine	Kräuter	Tiere	Temperament	Körperteile	Lebensjahre	Länder
A	Karneol	Rose	Maus	sanguinisch	Kopf	1-6	Russland
B	Topas	Veilchen	Ochse	sanguinisch	Hals	6-12	England
C	Smaragd	Aster	Leopard	sanguinisch	Schulter	12-18	Polen
D	Karfunkel	Lilie	Hase	cholerisch	Brust	18-24	Deutschland
E	Saphir	Mandel	Krokodil	cholerisch	Magen	24-30	Türkei
F	Diamant	Jasmin	Schlange	cholerisch	Bauch	30-36	Frankreich
G	Opal	Nelke	Pferd	melancholisch	Scham	36-42	Amerika
H	Achat	Lorbeer	Widder	melancholisch	Eingeweide	42-48	Italien
I	Amethyst	Vergissmeinnicht	Affe	melancholisch	Lenden	48-54	Griechenland
J	Türkis	Reseda	Henne	phlegmatisch	Knie	54-60	Spanien
K	Beryll	Belladonna	Hund	phlegmatisch	Schienbein	60-66	Ägypten
L	Jaspis	Myrte	Eber	phlegmatisch	Füße	66-72	Indien

Herrschaft der Kabirim und Kabirut über die Planeten

Metalle	Kräuter	Tiere	Farben	Körperteile	Lebensjahre	Zahlenquadrat
Silber	Lunaria	Hirschkuh	Weiß	Auge	*-4	Neuner
Quecksilber	Bingelkraut	Fuchs	Braun	Mund	4-14	Achter
Kupfer	Zeitlose	Taube	Grün	Scham (weibl.)	14-32	Siebener
Gold	Rosmarin	Adler	Gelb	Kopf	32-42	Sechser
Eisen	Wolfsmilch	Schildkröte	Rot	Scham (männl.)	42-54	Fünfer
Zinn	Lorbeer	Schlange	Blau	Leber	54-69	Vierer
Blei	Raute	Spinne	Grau	Milz	69-†	Dreier

Herrschaft der Schûmir, Schumrit, Kabirim und Kabirut über die Erdoberfläche

Die Erdoberfläche ist in bestimmter Abgrenzung ebenfalls der Herrschaft der höheren Wesen unterstellt. Die folgenden beiden Tabellen geben darüber Aufschluss.

Einteilung der Erde in Einflussflächen

Einteilung der Erdoberfläche in Einflussflächen																								
0°		30		60		90		120		150		180		150		120		90		60		30		0°
90																								
	J		I		D		C		J		I		D		C		J		I		D		C	
70																								
	K		H		E		B		K		H		E		B		K		H		E		B	
50																								
	L		G		F		A		L		G		F		A		L		G		F		A	
30																								
	A		F		G		L		A		F		G		L		A		F		G		L	
10																								
0°	B		E		F		K		B		E		F		K		B		E		F		K	
10																								
	C		D		I		J		C		D		I		J		C		D		I		J	
30																								
	D		C		J		I		D		C		J		I		D		C		J		I	
50																								
	E		B		K		H		E		B		K		H		E		B		K		H	
70																								
	F		A		L		G		F		A		L		G		F		A		L		G	
90																								
östlich Greenwich													**westlich Greenwich**											

Einteilung der Erdoberfläche in Energiezonen

Einteilung der Erdoberfläche in Energiezonen																									
0°		30		60		90		120		150		180		150		120		90		60		30		0°	
90												Polarzone													
70	C		B		A		L		K		J		I		H		G		F		E		D		Pni
50	B		C		L		A		J		K		H		I		F		G		D		E		Gom
30	A		D		K		B		I		L		G		J		E		H		C		F		Ruf
10	L		E		J		C		H		A		F		K		D		I		B		G		Iddi
0°												Äquator													
10	K		F		I		D		G		B		E		L		C		J		A		H		Addi
30	J		G		H		E		F		C		D		A		B		K		L		I		Oddi
50	I		H		G		F		E		D		C		B		A		L		K		J		Sani
70																									
												Polarzone													
90																									
0°																									
	östlich Greenwich													**westlich Greenwich**											

Günstige und ungünstige Einflüsse

Die Kabirim und Kabirut sowie die Schûmir und die Schumrit üben in der Auswirkung des gegenwärtigen Äons günstige und ungünstige Herrschaft aus.

Von den Schûmir und Schumrit gelten als günstig:

1	Báal Gadî	der Hüter des Widders
2	Báalit Tûr	die Hüterin des Stieres
3	Báal Ta´umîm	der Hüter der Zwillinge
10	Báalit Ja´îl	die Hüterin des Steinbockes
11	Báal Dalî	der Hüter des Wassermanns
12	Báalit Dagîm	die Hüterin der Fische

Als ungünstig oder zweifelhaft anzusehen sind:

4 Báalit Sartîn	die Hüterin des Krebses
5 Báal Arî	der Hüter des Löwen
6 Báalit Schibbûlit	die Hüterin der Jungfrau
7 Báal Miznîm	der Hüter der Waage
8 Báalit ʼAkrab	die Hüterin des Skorpions
9 Báal Kascht	der Hüter des Schützen

Von den Kabirim und Kabirut sind wohltätig und glücksspendend:

Gadd	das Sinnbild des Jupiters
Adirit	das Sinnbild der Venus

Abtrünnig und übelwollend herrschen:

Chazur	das Sinnbild des Saturn
Chinadun	das Sinnbild des Mars

Schwankend und unzuverlässig in ihren Wirkungen erweisen sich:

Schamasch	das Sinnbild der Sonne
Kukab	das Sinnbild des Merkur
Libunit	die Herrscherin des Mondes

Die Herren der beiden Lichter (Sonne und Mond) erhalten durch ihre wechselnden Zusammenkünfte mit den verschiedenen Schûmir und Schumrit jeweils andere Einflüsse. Durch diese wird wiederum auch ihre eigene Wirkung bestimmt.

Bei jeder Arbeit, und gerade bei der Verwendung und der Herstellung eines Magischen Spiegels, muss nicht nur diese doppelte Beeinflussung beachtet werden. Sie sollten vor allem auch genau schauen, was Sie wann unternehmen, um vor unliebsamen Überraschungen gefeit zu sein.

Anhang

Personen und Begriffe

*Adonismus**

Die Adonistische Gesellschaft war eine magische Vereinigung, gegründet am 1.5.1925 in Wien von Dr. Franz Sättler (Dr. Musallam). Sie erklärte sich als »die europäische Schwesterorganisation des im Orient schon seit länger als einem halben Jahrhundert bestehenden Ordens ›Nizâm el-Khâf‹, die Vereinigung aller derjenigen, welche durch die Lektüre von Dr. Musallams adonistischen Schriften zu Anhängern des rechten Glaubens, des Glaubens an Adonis geworden sind«. Jeder Neueintretende erhielt:

- einen speziell für ihn angefertigten Glückstalisman;
- ein ausführliches Horoskop mit genauen Zukunftsangaben und wichtigen Ratschlägen;
- die adonistische Monatsschrift mit reichem Inhalt aus Gebieten des Okkultismus.

Laut Selbstverständnis der Adonistischen Gesellschaft ist »der Adonismus als Weltanschauung einmalig und richtig und entspricht den neuesten Forschungen auf dem Gebiete der Urreligion der Menschheit«. Die magischen Praktiken der Gesellschaft waren sogenannte Vertauschungsrituale; alle klassischen Symbole und Wertungen der Symbolik wurden in ihre Gegensätze verkehrt. Hierbei wurden die positiven oder »guten« Zeichen (z.B. das Dreieck) von oben nach unten verkehrt, wie es bei fast allen Phalluskulten üblich ist. Schon Eliphas Levi (in: »Das Buch der Weisen«, Leipzig 1928) schrieb: »Der Gott der einen ist der Teufel der anderen und umgekehrt.« Die Zeitschrift der Adonistischen Gesellschaft hieß »Dido«. Die sogenannten Logen der Vereinigung arbeiteten teils nach einem »Zeremonial« das dem Signatstern entnommen ist. Um 1928 bestand kurzzeitig eine Zusammenarbeit mit Quintscher. 1936 wurde die in »Orion-Bund« umbenannte Organisation von den Nazis verboten.

*Franz Bardon**

Franz Bardon wurde am 1.12.1909 in Katherein bei Troppau/ Opava, Tschechoslowakei, geboren und starb am 10.07.1958 in Brno, Tschechoslowakei. Er war von Beruf Heilpraktiker, den er im Jahre 1941 zu praktizieren begann. Die Ausbildung zu diesem Beruf absolvierte er in München. Franz Bardon war verheiratet und hat einen Sohn und eine Tochter.

Etwa 1954 begann er in Prag mit Hilfe seiner Sekretärin Otti Votavova seine Lehren der göttlichen Universalgesetze unseres Kosmos' niederzuschreiben, die uns heute in den magischen Lehrwerken »Der Weg zum wahren Adepten«, »Die Praxis der magischen Evokation«, »Der Schlüssel zur wahren Kabbalah« und dem Lebensroman »Frabato« vorliegen.

Die in Franz Bardon verkörperte Wesenheit zählt zu den am höchsten eingeweihten Mitgliedern der Bruderschaft des Weißen Lichts (Weiße Bruderschaft).

Hermetischer Orden Melchisedek (∴H∴O∴M∴)

Theurgisch arbeitender magisch-hermetischer Orden innerhalb des Ordens Melchisedek (O.M.), dessen Hauptsitz zur Zeit in Deutschland unter der Führung von Frater M∴M∴ (Ordensname) ist. **Melchisedek** (griechisch; Sanskrit: Mahatma Urgaya) ist Urinitiator der Bruderschaft des Weißen Lichts und steht in Verbindung zu Shambala.

*Musallam, Dr.**

Pseudonym von Dr. phil. Franz Sättler, geboren am 7.3.1884 in Brüx/ Tschechien, gestorben nach 1942. Musallam ist arabisch und bedeutet »unversehrt«. Dr. Musallam war der Begründer des Adonismus und der »Adonistischen Gesellschaft für das deutsche Sprachgebiet», als dessen Großmeister er fungierte. Musallam war auch Mitglied des Ordens »Nizâm el-Khâf«. Um 1926/27 zeichnete Musallam als Herausgeber der Zeitschrift »Dido – Okkultistische Monatsschrift«. Karl May zählte zu seinen engen Freunden.

*Quintscher, Rah-Omir**

Pseudonym von Friedrich Wilhelm Quintscher, geboren am 3.10.1893 in Nossen, gestorben am 8.5.1945 in Seichau/Jauer – nach anderen Quellen von den Nazis verhaftet und erschossen. Er ist auch unter weiteren Pseudonymen bekannt, wie Ram Ophias, Chakum Kabbali und »Fredo von der Welt«. Quintscher war okkulter Schriftsteller und Gründer des Ordens Mentalischer Bauherren (zeitweise in Zusammenarbeit mit Musallam), des Arbeiter-Freimaurerbundes (1921), der Afrikanischen Bauherrenloge, der Johannisbrüder und zahlreicher anderer mystischer Gruppierungen. Sein Sohn betrachtet sich als Erbe der esoterischen Papiere Franz Bardons, während ähnliche Rechte auch vom Verlag Rüggeberg geltend gemacht werden. Quintscher war Mentor und Freund Franz Bardons.

*Randolph, Pascal Beverley**

Einer der größten Pioniere der Spiegelmagie war sicherlich Pascal Beverley Randolph (1825–1875), der im 19. Jahrhundert die Bruderschaft von Eulis gründete. Seine Gruppe machte sich durch intensive Forschungsarbeit verdient und war mit Sicherheit eine der Hauptquellen von Franz Bardons Inspirationen.

*(Quelle: Horst E. Miers:
»Lexikon des Geheimwissenschaften«)

Das Vaterunser

Vater unser,
der du bist im Himmel,
geheiligt werde dein Name,
dein Reich komme,
dein Wille geschehe
wie im Himmel, so auf Erden.
Unser täglich' Brot gib uns heute,
und vergib uns unsere Schuld,
wie auch wir vergeben unseren Schuldigern.
Und führe uns aus der Versuchung,
und erlöse uns von dem Bösen,
denn dein ist das Reich und die Kraft
und die Herrlichkeit in Ewigkeit.
Amen.

Die Genien der Erdgürtelzone und ihre Gradeinteilung:

1	Widder	Morech	1	Stier	Serap
2	Widder	Malacha	2	Stier	Molabeda
3	Widder	Ecdulon	3	Stier	Manmes
4	Widder	Lurchi	4	Stier	Faluna
5	Widder	Aspadit	5	Stier	Nasi
6	Widder	Nascela	6	Stier	Conioli
7	Widder	Opollogon	7	Stier	Carubot
8	Widder	Ramara	8	Stier	Jajaregi
9	Widder	Anamil	9	Stier	Orienell
10	Widder	Tabori	10	Stier	Concario
11	Widder	Igigi	11	Stier	Dosom
12	Widder	Bialode	12	Stier	Galago
13	Widder	Opilon	13	Stier	Paguldez
14	Widder	Jrachro	14	Stier	Pafessa
15	Widder	Golog	15	Stier	Jromoni
16	Widder	Argilo	16	Stier	Tardoe
17	Widder	Barnel	17	Stier	Ubarim
18	Widder	Sernpolo	18	Stier	Magelucha
19	Widder	Hyris	19	Stier	Chadail
20	Widder	Hahadu	20	Stier	Charagi
21	Widder	Oromonas	21	Stier	Hagos
22	Widder	Bekaro	22	Stier	Hyla
23	Widder	Belifares	23	Stier	Camarion
24	Widder	Nadele	24	Stier	Camalo
25	Widder	Yromus	25	Stier	Baalto
26	Widder	Hadcu	26	Stier	Amalomi
27	Widder	Balachman	27	Stier	Gagison
28	Widder	Jugula	28	Stier	Carahami
29	Widder	Secabmi	29	Stier	Calamos
30	Widder	Calacha	30	Stier	Sapasani

1	Zwillinge	Proxones	1	Krebs	Nablum
2	Zwillinge	Yparcha	2	Krebs	Nudatoni
3	Zwillinge	Obedomah	3	Krebs	Jachil
4	Zwillinge	Padidi	4	Krebs	Helali
5	Zwillinge	Peralit	5	Krebs	Emfalion
6	Zwillinge	Isnirki	6	Krebs	Pliroki
7	Zwillinge	Morilon	7	Krebs	Losimon
8	Zwillinge	Golema	8	Krebs	Kiliki
9	Zwillinge	Timiran	9	Krebs	Oramos
10	Zwillinge	Golemi	10	Krebs	Tarato
11	Zwillinge	Darachin	11	Krebs	Horomor
12	Zwillinge	Bagoloni	12	Krebs	Tmako
13	Zwillinge	Paschy	13	Krebs	Nimalon
14	Zwillinge	Amami	14	Krebs	Camalo
15	Zwillinge	Pigios	15	Krebs	Nimtrix
16	Zwillinge	Cepacha	16	Krebs	Kalote
17	Zwillinge	Urgivoh	17	Krebs	Ysquiron
18	Zwillinge	Amagestol	18	Krebs	Sikesti
19	Zwillinge	Debam	19	Krebs	Abagrion
20	Zwillinge	Kolani	20	Krebs	Kibigili
21	Zwillinge	Mimosah	21	Krebs	Arakuson
22	Zwillinge	Eneki	22	Krebs	Maggio
23	Zwillinge	Corilon	23	Krebs	Dirilisin
24	Zwillinge	Ygarimi	24	Krebs	Akahimo
25	Zwillinge	Jamaih	25	Krebs	Aragor
26	Zwillinge	Bilifo	26	Krebs	Granona
27	Zwillinge	Mafalach	27	Krebs	Zagol
28	Zwillinge	Kaflesi	28	Krebs	Mennolika
29	Zwillinge	Sibolas	29	Krebs	Forfasan
30	Zwillinge	Seneol	30	Krebs	Charonthona

1	Löwe	Kosem	1	Jungfrau	Peresch
2	Löwe	Methaera	2	Jungfrau	Bruahi
3	Löwe	Jvar	3	Jungfrau	Moschel
4	Löwe	Mahra	4	Jungfrau	Raschea
5	Löwe	Paruch	5	Jungfrau	Girmil
6	Löwe	Aslotama	6	Jungfrau	Zagriona
7	Löwe	Kagaros	7	Jungfrau	Ygilon
8	Löwe	Romasara	8	Jungfrau	Alpaso
9	Löwe	Anemalon	9	Jungfrau	Kirek
10	Löwe	Tabbata	10	Jungfrau	Buriuh
11	Löwe	Ahahbon	11	Jungfrau	Yraganon
12	Löwe	Akanejonaho	12	Jungfrau	Argaro
13	Löwe	Horog	13	Jungfrau	Algebol
14	Löwe	Texai	14	Jungfrau	Karasa
15	Löwe	Herich	15	Jungfrau	Akirgi
16	Löwe	Ychniag	16	Jungfrau	Basanola
17	Löwe	Odac	17	Jungfrau	Rotor
18	Löwe	Mechebbera	18	Jungfrau	Tigrapho
19	Löwe	Paschan	19	Jungfrau	Cobel
20	Löwe	Corocona	20	Jungfrau	Hipogo
21	Löwe	Rimog	21	Jungfrau	Iserag
22	Löwe	Abbetira	22	Jungfrau	Breffeo
23	Löwe	Eralicarison	23	Jungfrau	Elipinon
24	Löwe	Golopa	24	Jungfrau	Naniroa
25	Löwe	Jgakys	25	Jungfrau	Olaski
26	Löwe	Pagalusta	26	Jungfrau	Hyrmiua
27	Löwe	Ichdison	27	Jungfrau	Sumuram
28	Löwe	Takarosa	28	Jungfrau	Astolitu
29	Löwe	Andrachor	29	Jungfrau	Notiser
30	Löwe	Carona	30	Jungfrau	Regerio

1	Waage	Thirana	1	Skorpion	Aluph
2	Waage	Apollyon	2	Skorpion	Schaluah
3	Waage	Peekah	3	Skorpion	Hasperim
4	Waage	Nogah	4	Skorpion	Adae
5	Waage	Tolet	5	Skorpion	Helmis
6	Waage	Parmasa	6	Skorpion	Sarasi
7	Waage	Gesegos	7	Skorpion	Ugefor
8	Waage	Soteri	8	Skorpion	Armillee
9	Waage	Batamabub	9	Skorpion	Ranar
10	Waage	Omana	10	Skorpion	Caraschi
11	Waage	Lagiros	11	Skorpion	Eralier
12	Waage	Afrei	12	Skorpion	Sagara
13	Waage	Rigolon	13	Skorpion	Trasorim
14	Waage	Riqita	14	Skorpion	Schulego
15	Waage	Tapum	15	Skorpion	Hipolopos
16	Waage	Nachero	16	Skorpion	Natolisa
17	Waage	Arator	17	Skorpion	Butharusch
18	Waage	Malata	18	Skorpion	Tagora
19	Waage	Arioth	19	Skorpion	Panari
20	Waage	Agikus	20	Skorpion	Nagar
21	Waage	Cheikaseph	21	Skorpion	Kofan
22	Waage	Ornion	22	Skorpion	Schaluach
23	Waage	Gariniranus	23	Skorpion	Sipillipis
24	Waage	Istaroth	24	Skorpion	Tedea
25	Waage	Haiamon	25	Skorpion	Semechle
26	Waage	Canali	26	Skorpion	Radina
27	Waage	Aglasis	27	Skorpion	Hachamel
28	Waage	Merki	28	Skorpion	Anadi
29	Waage	Filakon	29	Skorpion	Horasul
30	Waage	Megalogi	30	Skorpion	Irmano

1	Schütze	Neschamah	1	Steinbock	Milon
2	Schütze	Myrmo	2	Steinbock	Melamo
3	Schütze	Kathim	3	Steinbock	Porphora
4	Schütze	Erimites	4	Steinbock	Trapi
5	Schütze	Asinel	5	Steinbock	Jonion
6	Schütze	Geriola	6	Steinbock	Afolono
7	Schütze	Asoreg	7	Steinbock	Paruchu
8	Schütze	Ramage	8	Steinbock	Pormatho
9	Schütze	Namalon	9	Steinbock	Ampholion
10	Schütze	Dimurga	10	Steinbock	Kogid
11	Schütze	Golog	11	Steinbock	Cermiel
12	Schütze	Ugali	12	Steinbock	Erimihala
13	Schütze	Elason	13	Steinbock	Trisacha
14	Schütze	Giria	14	Steinbock	Afimo
15	Schütze	Hosun	15	Steinbock	Garses
16	Schütze	Mesah	16	Steinbock	Masadu
17	Schütze	Harkinon	17	Steinbock	Arabim
18	Schütze	Petuno	18	Steinbock	Amia
19	Schütze	Caboneton	19	Steinbock	Kamual
20	Schütze	Echagi	20	Steinbock	Parachmo
21	Schütze	Batirunos	21	Steinbock	Cochaly
22	Schütze	Hillaro	22	Steinbock	Ybario
23	Schütze	Ergomion	23	Steinbock	Lotifar
24	Schütze	Ikon	24	Steinbock	Kama
25	Schütze	Alosom	25	Steinbock	Segosel
26	Schütze	Gezero	26	Steinbock	Sarsiee
27	Schütze	Agasoly	27	Steinbock	Kiliosa
28	Schütze	Ekore	28	Steinbock	Rosora
29	Schütze	Saris	29	Steinbock	Ekorim
30	Schütze	Elami	30	Steinbock	Ramgisa

1	Wassermann	Frasis	1	Fische	Haja
2	Wassermann	Pother	2	Fische	Schad
3	Wassermann	Badet	3	Fische	Kohen
4	Wassermann	Naga	4	Fische	Echami
5	Wassermann	Asturel	5	Fische	Flabison
6	Wassermann	Liriell	6	Fische	Alagill
7	Wassermann	Siges	7	Fische	Atherom
8	Wassermann	Metosee	8	Fische	Porascho
9	Wassermann	Abusis	9	Fische	Egention
10	Wassermann	Panfodra	10	Fische	Siria
11	Wassermann	Hagus	11	Fische	Vollman
12	Wassermann	Hatuny	12	Fische	Hagomi
13	Wassermann	Gagolchon	13	Fische	Klorecha
14	Wassermann	Bafa	14	Fische	Baroa
15	Wassermann	Ugirpon	15	Fische	Gomognu
16	Wassermann	Capipa	16	Fische	Fermetu
17	Wassermann	Koreh	17	Fische	Forsteton
18	Wassermann	Somi	18	Fische	Lotogi
19	Wassermann	Erytar	19	Fische	Nearah
20	Wassermann	Kosirma	20	Fische	Dagio
21	Wassermann	Jenuri	21	Fische	Nephasser
22	Wassermann	Altono	22	Fische	Armefia
23	Wassermann	Chimirgu	23	Fische	Kaerlesa
24	Wassermann	Arisaka	24	Fische	Bileka
25	Wassermann	Boreb	25	Fische	Ugolog
26	Wassermann	Soesma	26	Fische	Tmiti
27	Wassermann	Ebaron	27	Fische	Zalones
28	Wassermann	Negani	28	Fische	Cigila
29	Wassermann	Nelion	29	Fische	Ylemis
30	Wassermann	Sirigilis	30	Fische	Boria

Die Genien Camalo und Golog sind in der Tabelle zweimal genannt. Hierbei handelt es sich um einen Schreibfehler des ehemaligen Verlages von Franz Bardon. Die Korrektur dieser Tabelle wird auf der Internetseite http://alrunia.de und http://melchisedek.org zur gegebenen Zeit veröffentlicht. (der Autor)

Kopiervorlagen

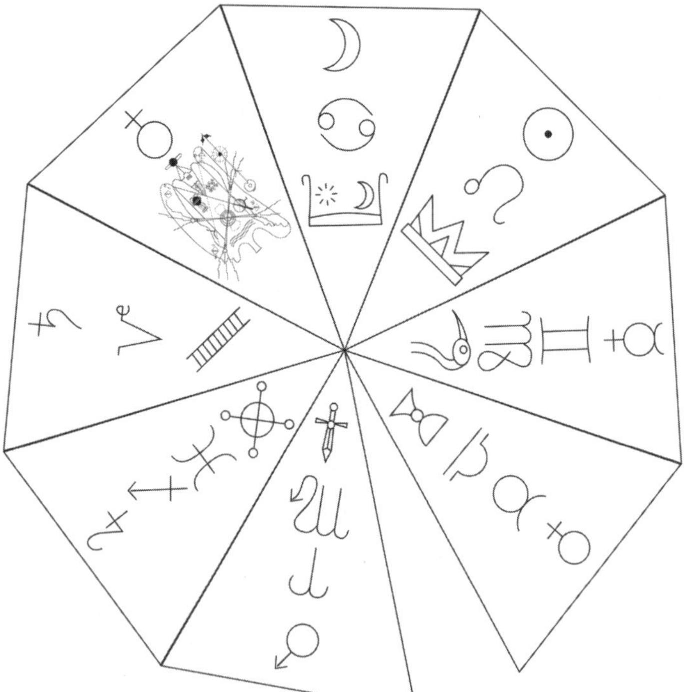

Erdspiegel

Evokationsspiegel

Quellenverzeichnis

A.F. u. A.M.v.D.: Ritualkunde 1 bis 3. Hamburg 1972

Aivanhov, Omraam Mikael: Geheimnis Mensch. F-Fréjus 1997

Aivanhov, Omraam Mikael: Auf dem Weg zur Sonnenkultur. F-Fréjus 1997

Aivanhov, Omraam Mikael: Die geometrischen Figuren und ihre Sprache. F-Fréjus 2001

Aivanhov, Omraam Mikael: Der Tierkreis, Schlüssel zu Mensch und Kosmos. F-Fréjus 1999

Aivanhov, Omraam Mikael: Die Mysterien von Jesod. F-Fréjus 1991

Aivanhov, Omraam Mikael: Die Früchte des Lebensbaums. F-Fréjus 2000

AMORC: Manuskripte Tempelgrade 1 bis 12

Atteshlis, Dr. Stylianos (Daskalos): The Symbol of Life. Zypern 1998

Atteshlis, Dr. Stylianos (Daskalos): Esoterische Lehren. Ulm 1991

Bardon, Franz: Frabato. Freiburg 1958

Bardon, Franz: Die Praxis der magischen Evokation. Freiburg 1956

Bardon, Franz: Der Schlüssel zur wahren Quabbalah. Freiburg 1957

Bardon, Franz: Der Weg zum wahren Adepten. Freiburg 1956

Barford, Werner: Tierkreisgesten und Menschenwesen. Dornach 1998

Benedikt, Heinrich Elijah: Die Kabbala, Band 1 und 2, Freiburg 2000

Bibel, Altes und Neues Testament BOTA: Lehrschriften (Logenmaterial)

Dalai Lama: Kalachakra Tantra. Berlin 2002

Dawn, Golden : Flying Rolls (Privatsammlung)

Endres, Franz Carl: Die Symbole des Freimaurers. Stuttgart 1952

Ermann, Adolf: Aegyptische Chrestomathie. Berlin 1904

Ermann, Adolf: Aegypten, Band 1 u. 2. Berlin 1904

Feist, Michael (Hrsg.): Hamburger Hefte. Hamburg

Fortune, Dion: The mystical Qabalah. London 1957

Fraternitas Saturni: Blätter für angewandte okkulte Lebenskunst (Logenmaterial)

Freimaurer, Oberster Rat der: Eleusis, verschiedene Jahrgänge. Frankfurt

Freimaurer, Oberster Rat der: Der Schottische Ritus, ein Gang durch die Grade des A.·.A.·.S.·.R.·. , Manuskriptsammlung für Brr.·. Lehrling – Souveräner General-Großinspekteur. Frankfurt 1983
Goldschmidt, Lazarus Eliezer: Das Buch der Schöpfung. Frankfurt 1894
González-Wippler, Migene: Return of the Angels. USA-St. Paul 1999
González-Wippler, Migene: Die moderne Kabbala. Freiburg 1995
Govinda, Lama Anagarika: Grundlagen tibetischer Mystik. CH-Zürich 1956
Grosche, Eugen: Saturn Gnosis. Berlin
Hawking, Stephen: Das Universum in der Nußschale. Cambridge 2001
Hemberger, Adolf: Pansophie und Rosenkreuz. Gießen 1974
Hermetischer Orden Melchisedek (Privatarchiv)
Horny, Ilse: Soziale Hygiene, Eurythmie – die heilende Bewegungskunst. Bad Liebenzell 1982
Kaplan, Aryeh: Sefer Jezira. USA-York Beach 1990
Kaplan, Aryeh: Meditation and Kabbala. USA-York Beach 1982
Kircher, Athanasius: Oedipus Aegyptiacus. I-Rom 1653
Lefeldt, Hermann: Ergänzungen zur Methodik der astrologischen Häuser.
Musallam: Alchimie (Privatschrift). Berlin
Nettesheim, Agrippa von: Die Magischen Werke. Wiesbaden 1997
Nettesheim, Agrippa von: De Occulta Philosophia. Stuttgart 1856
Orden Mentalischer Bauherren: Adonistische Kabbalah (Privatschrift)
Papus: La Cabbale. F-Paris 1903
Paracelsus: Mikrokosmos und Makrokosmos, Okkulte Schriften (Nachdruck). Dreieich 1994
Pfaffenhoff, Jean-Marie: Die Engel Deines Lebens. Güllesheim 1997
Quintscher, Rah-Omir: Adonistisch Magische Lehrbriefe (Privatschrift)
Quintscher, Rah-Omir: Denu Val Gumas. Memmingen 1928
Raskin, Saul: Kabbalah in Word and Image. USA-New York 1952
Rudolph, Udo: ABC für Planetenbilder. Hamburg 1996
Rüggeberg, Dieter (Hrsg.): Fragen an Meister Arion (Franz Bardon). Wuppertal 1997
Savedow, Steve: Sepher Rezial Hemelach. USA-York Beach 2000
Schmidt, K.O.: Das Thomas-Evangelium. Ergolding 1977
Schnitzer, Ilse u. Lefeldt, Hermann: Lexikon für Planetenbilder. Hamburg 1957

Senring, Knut: The Book of Formation. USA-New York 1923
Sporner Hermann: Einführung in die Technik der Hamburger Schule. Hamburg 1978
Steiner, Rudolf: Wie erlangt man Erkenntnisse der höheren Welten? Stuttgart 1961
Steiner, Rudolf: Eurythmie als sichtbare Sprache. Dornach 1994
Steiner, Rudolf: Die Geheimwissenschaft im Umriß. Dornach 1972
Westcott, William Wynn: Sepher Yezirah, the Book of Formation. London 1887
Wiedemann, Dr. Alfred: Die Amulette der alten Aegypter. Leipzig 1910
Witte, Alfred: Regelwerk für Planetenbilder. Hamburg 1959